LGBTの不都合な真実

活動家の言葉を100%妄信するマスコミ報道は公共的か

松浦大悟
Matsuura Daigo

まえがき

2018年に起こった『新潮45』廃刊騒動を私は冷めた目で見ていました。なぜなら「杉田水脈《みお》論文は差別といえば差別かもしれないけれど、杉田氏を糾弾しているあなたたちも同じような差別をしていることに気づいていますか?」と感じたからです。当時、少なくない知識人がそれを指摘しましたが、興奮状態にあったメディアが核心を伝えることはありませんでした。いやむしろ、あえて報道しなかったといったほうが正確かもしれません。問題の本質を万人が知るところとなれば、社会の底は抜けていることがバレてしまうからです。

たとえば「生産性」発言について、メディアは相模原障害者施設殺傷事件を引き合いに出し、「役に立つ」「役に立たない」という基準で命の線引きや人権の線引きをしてはならないとの主張を繰り広げました。しかしながら我々は、新型出生前診断により胎児がダウン症などの重い疾患を抱えているとわかれば96パーセントが人工妊娠中絶を選択する社会を生きています。1990年代に法哲学者の井上達夫氏と社会学者の加藤秀一氏との間で展開された命の線引き論争(プロライフ・プロチョイス論争)は、いまだ決着がついているとは言えません（江原由美子編『生殖技術とジェンダー』参照）。

また、2016年のアメリカ大統領選挙テレビ討論会でヒラリー・クリントン氏は「中絶の権利はどれくらいの範囲で有効だとお考えですか？　あなたは胎児には憲法上の権利はないとおっしゃったことがあります」と聞かれ、9カ月目の最終日であっても堕胎を支持すると受け取れる答えをしました。そのことが最後まで尾を引き、彼女は敗北しました（荻野美穂『中絶論争とアメリカ社会』参照）。

相模原障害者施設殺傷事件の植松聖《さとし》死刑囚は『実話ナックルズ』で漫画の連載をしています。題名は「TRIAGE（トリアージ）」です。トリアージとは、事故現場などで助かる命を優先して治療すること。「お前らだって生産性で命の選別をしているではないか」と、彼は獄中から私たちに揺さぶりをかけています（月刊『創』編集部『開けられたパンドラの箱』参照）。命の線引き、人権の線引きは、常に恣意的であり政治的なのです。

歴史学者の與那覇潤《よなはじゅん》氏は、こうした問題点をいち早く察知したひとりです。與那覇氏は杉田氏の無理解を批判しながらも、この騒動は決してリベラル派の勝ち星ではなく、かえって「堕落」と「自己矛盾」が明らかになったと以下のように述べました（『Voice』2018年10月号参照）。

《「子供を作らない人は、子供を作る人より『生産性』が低いのだから、税金による支援は後回しだ」というのが、今回問題にされた杉田議員のロジックでした。しかしわずか2年前の2016年に、リベラルな人びとは何をしていたのか。「保育園落ちた日本死ね！」と記された匿名のブログを担《かつ》いで、子育て支援には最優先で税金を投入せよ、それをやらない安倍政権は悪だと、大声で叫び回っていたのではないですか。異性愛者同士のカップルでも、生物学的な要因で子宝に恵まれない人たちはいます。あるいは経済的な理由などで、そもそも所帯を持てない人たちもいます。彼らの視点に立つならば、「子供を作らないあなたは、世代の再生産に貢献しないのだから、国による支援は後回しですよ」といわれている点に関して、保育園デモと杉田議員の論理は大差ありません。「日本死ね！」で倒閣できると騒ぎ回ったとき、そうした人々のことは視野に入っていたか。リベラルだと思っている自分の心にも、じつは内なる「杉田議員」がいたのではないか。そうして自己を内省する議論を、ほとんど見掛けない。リベラル派の知的な不誠実も極まった感があります》

つまり與那覇氏は、保守もリベラルも生産性を前提にしている以上、どちらも同じ穴の狢《むじな》だと指摘しているわけです。ゲイである私も、民主党の政治スローガン「チルドレン・ファースト」の言葉を聞いたとき、何とも言えない寂しさを覚えたことがあります。

『思想』2019年5月号には有名なクィア学者、リー・エーデルマン氏の論文「未来は子ども騙し ── クィア理論、非同一化、そして死の欲動 ──」が掲載されました。彼も與那覇氏と同じように、「（再）生産性の信仰」が社会構造の中に深く埋め込まれていることを問題視します。純粋無垢な存在として子どもを特権化し、社会を保全しようとするリベラルもまた「保守」にすぎない。最近ではゲイやレズビアンにおいてさえも生殖技術によって子どもを持つ姿が喧伝《けんでん》され、まっとうな家族になることが期待される。再生産サークルの外側に立つクィアにはどこにも居場所がないではないか、というのです。

これは大変重い問いかけです。次のようなアポリアを孕《はら》むからです。文筆家の木澤佐登志氏はクィア学者のレオ・ベルサーニ氏についての議論の中で、《日本でもポジ種専門（？）のベアバッキングを実践している会員制サウナが大阪の某地区に存在しています。ただ、先日そのサウナのサイト兼掲示板を覗いてみたところ、ここ最近はコロナの影響で営業を自粛しているようでした》と報告しています。ベルサーニ氏のいうベアバッキングは、誰がチキンかを確かめ合うためにドアノブを舐める「コロナウイルスチャレンジ」のごときものではありません。ＨＩＶウイルスをみんなで共有することの一体感に至福を感じるゲイの「生掘り・種つけ」のことです。もちろん愚行権を認めるというのが自由主義の基本ですが、死の欲動を抱えるある種のクィアたちを中心に据えた政治はイメージしづらい。政治家としては、共同体の持続可能性を手放すわけにはいかないからです。やはりそこには線を引くしかない。ただし、同じ線を引くにしても自覚があるのとないのとでは雲泥の差があります。社会の再生産を望まないクィアとは丁寧なコミュニケーションを重ねていきながら、彼らの悲しみを抱きしめ、痛みとともに境界を設定することが肝要です。別枠での対応が現実的な解だと感じます（江永泉、木澤佐登志、ひでシス、役所暁『闇の自己啓発』参照）。

このような感受性は、いま話題になっている「反出生主義」「反出産主義」にもつながっています。「人生のほとんどは苦しみ。トータルで考えるとマイナスだ。自分は生まれてこなければよかった。いや、そもそも誰が生んでくれと頼んだのだ？　自分は同意していない。同意なき出産は暴力だ」と、インドでは親が提訴されました。そして誤診によって障害者として生まれた人が「なぜ自分を産ませた？」と医師を裁判にかけるロングフル・ライフ（誤りである生命）訴訟では、フランスやアメリカの一部の州、オランダやイスラエルで勝訴するケースも出てきているそうです。「生産性」問題が保守やリベラルといった党派性を超えたものであることがよくわかるのではないでしょうか（森岡正博『生まれてこないほうが良かったのか？』参照）。本来ならメディアはここまでの一連の問題群を国民に提示しなければならなかったはずですが、限定的な話に終始してしまったことが残念でなりません。

さて、この本ではＬＧＢＴを切り口に、差別とは何か？　人権とは何か？　正義とは何か？　公正とは何か？　寛容とは何か？　保守とは何か？　リベラルとは何か？　を考えていきたいと思います。これまでほとんど語られることのなかったＬＧＢＴ論です。どうか最後までお付き合いください。

『ＬＧＢＴの不都合な真実』◆目　次

第2章　LGBT活動家の言葉は、常に正しいのか……55

第1章

『新潮45』騒動とは何だったのか

1－1　寄稿した当事者の立場から語る『新潮45』騒動の実態

■リベラル派のダブルスタンダード

2018年7月、自民党の杉田水脈衆議院議員が『新潮45』8月号に「『LGBT』支援の度が過ぎる」という小論を寄稿しました。これを立憲民主党の尾辻かな子衆議院議員がツイッターで批判し拡散。7月27日には自民党前デモが行われ、主催者発表で5000人が集結。メディアでも大きく取り上げられました。

私はこの一連の動きを見て、まず「フェアじゃない」と感じました。そして、次のようにツイッターに投稿しました。

《いま自民党の杉田水脈議員が叩かれているが、LGBTに差別的発言を行う議員は当然野党にもいるわけで、いずれブーメランになることが予想される。私は野党議員に「あなたは同性愛者なので、秋田県の代表にふさわしくない。よって候補者を降りるべきだ」という趣旨の発言をされたことがある》

自民党議員は差別発言が多いとよく言われますが、実は野党議員も日常茶飯のごとく問題発言をしており、私はそれを間近に見てきました。「ドイツの外相は同性愛者なんだって？　腰に手を回してきたりして気持ち悪いな」といっていた大臣経験者もいました。でもなぜかメディアは自民党議員の失言しか報道しない。

議員だけではありません。日本を代表するフェミニストのひとり、上野千鶴子氏は、いくつかの著書で何度も「私はホモセクシュアルを差別する」と宣言しています。『女という快楽』にはこう書いてあります。

《種は、繁殖のためには異質なものとの交配によるほかないという逆説を、人類におしつけた。だから同性どうしのカップルを、法律は決して夫婦と認めないし、因循な法同様私じしんも、ホモセクシュアルは多様で自然な愛のかたちの一つにすぎないという、ものわかりのよさそうな意見に与しない。なぜならホモセクシュアルは、繁殖に結びつかないばかりでなく、異質なものとの交配という種が強いた自然を、心理的に裏切ろうとする試みだからである》

『新潮45』2018年8月号

何度読んでも、ＬＧＢＴには「生産性がない」と書いた杉田議員と何が違うのか私にはわかりません。

また、上野氏はこうも発言しています。

《ゲイのコミュニティは、同じホモセクシュアルでもレズビアンとちがって、つがいも再生産も、ともに否

定しようとするアナーキーな存在だ。かれらが国家を編成したら、どうなるのだろう？》

これなどは、「ＬＧＢＴばかりになったら国は潰れる」と集会で演説し、新聞やテレビで叩かれた自民党の平沢勝栄衆議院議員と瓜二つ。

上野氏はその後10年以上経って出版された『発情装置』の中で、「自分は同性愛差別者だった」と懺悔《ざんげ》しましたが、いまだにこの文章が収録された本は書店に並んでいます。杉田発言は激しいデモに見舞われ『新潮45』は廃刊に至ったのに、上野氏には同等のデモはなく本も廃刊にならない。明らかに非対称な対応です。リベラル派のダブルスタンダードに苛立ちを覚えたのは私だけではありません。自民党前デモの最中、ゲイで作家の伏見憲明氏は、繰り返し上野氏の過去の差別発言をツイッターに投稿しました。リベラルのご都合主義への皮肉であると同時に、「ＬＧＢＴ当事者は少し冷静になれ」とのメッセージだったのではないかと私は推測します。

夕刊フジに「同性愛者の松浦元参議員が激白　杉田氏と対談したい」という見出しの記事が載ったのは、自民党前デモ当日の7月27日でした。清宮真一記者の電話取材に対し、私は「言葉の断片をとらえて『差別だ』と糾弾し、制度を変えようとしても、問題の解決にならない。もっと、ＬＧＢＴの実情を知ってもらわなければならない。杉田氏とも、可能なら会って話したい」といった内容の話をしました。激烈さを増していくばかりの世の中の空気を憂えていた私は、取材の後、「夕刊フジで杉田議員との紙上対談をやらせてもらえないでしょうか」と清宮記者にお願いをしました。清宮記者は杉田議員に打診をすることを快く約束してくださいました。しかし、交渉がうまくいかなかったのか、私のもとへ連絡はありませんでした。

私が「対話」にこだわる理由

私がなぜ「対話」を重視するのか。それにはこんなわけがあります。2018年6月18日、自民党性的指向・性自認に関する特命委員会アドバイザーの繁内幸治《しげうちこうじ》氏から依頼され、経団連会館で行われた企業フォーラム「LGBTの人権文化を育む2018」で司会をした時のことです。その打ち合わせの席で繁内氏が話してくれたのは、ある差別事件のことでした。

2014年、兵庫県議がゲイ差別発言を行ったとき、本人に事実確認もしないままゲイ当事者である他地域の地方議員（石川大我 現・参議院議員）が現地で記者会見を開き、マスコミがそれをそのまま伝えたためその県議のもとには全国から猛烈な抗議が殺到したということがありました。その後、地元の当事者団体の代表である繁内氏が面会を申し込んだものの、県議は心を閉ざしてしまい、一切会ってくれなかったそうです。そして今でもLGBTに対して恨みを持っているのだそうです。「これをもってLGBT差別の解消と言えるのか？」

と、繁内氏は怒りに震えたといいます。「もしあの時、いち早く県議にお会いできていたら。もしあの時、抗議ではなく共に理解を進める努力ができていたら」との深い懺悔の念が、現在の繁内氏を突き動かす力となっています。

その繁内氏の趣旨に誰よりも賛同しているのが保守系の同和団体である自由同和会です。この企業フォーラムで挨拶に立った平河秀樹事務局長は、自らを省みて、「糾弾」という方法では差別感情は無くならないと断言しました。被差別部落の長い闘いから導き出された言葉は重く、LGBTに同じ轍を踏んでもらいたくないとの気持ちがひしひしと伝わってきました。翻って、今回、杉田議員に面会を申し込んだLGBT団体はあったでしょうか？　友/敵図式でただただ攻撃しても問題の解決にはなりません。本当の意味でのLGBTの理解へとつなげていくためには対話こそ必要なのだということを、私はこのあとさまざまなメディアを通して訴えていくことになります。

1-2 「LGBT＝リベラル」という認識は誤り？

■寄稿までの経緯

『新潮45』の若杉良作編集長から連絡があり、秋田市のキャッスルホテルでお会いしたのは２０１８年8月17日のことでした。１階レストランの個室で待ち合わせしたのですが、小説に出てくるような極めて普通の中年サラリーマンといった風情でした。もっと強面《こわもて》の姿を想像していただけに、少し拍子抜けしました。お土産として菓子折りもいただき、「ちゃんとしてるな」というのが第一印象。連日ワイドショーで報道されているイメージとはまったく違いました。

若杉編集長は、「今回の杉田騒動をどう見ているか、松浦さんの意見を聞かせてほしい」と言い、ボイスレコーダーで録音していいかどうか確認しました。私は、①目をくりぬいた杉田議員の顔写真に銃の照準を当てたパネルをデモ参加者が掲げていて驚いたこと、②ＬＧＢＴには保守派も多く、安倍政権打倒を掲げてのデモはＬＧＢＴ全体の総意ではないこと、③誰もが参加できるイベントとして評価されていたＬＧＢＴパレードが近年は左派色を前面に出すようになり変化してきたことなどを語りました。

若杉編集長は「そうなんですね」「なるほど、なるほど」「はあ、そういう話なのか」と、しきりに頷《うなず》いていました。そして「ぜひ次号に寄稿してほしい」とおっしゃいました。私は、これはチャンスだと思いました。ＬＧＢＴについて一番知ってもらわなければならないのは『新潮45』を読んでいるような自分の常識の自明性を疑わない中高年男性です。杉田議員の間違いを訂正する記事を読んでもらうことでこの層にメッセージが届けられるなら、リスクを冒してでも記名記事を書くことに意味があると思ったのです。私は二つ返事でオッケーを出しました。

インタビュー後の雑談では、今度は私からいろいろ質問してみました。「ところで、私に取材しようと思ったのは、どなたかにアドバイスをもらったからなのですか。杉田議員の事務所ですか？」と尋ねました。すると若杉編集長は「いいえ、もっと上のほうです」と答えました。窮地に陥っている杉田議員、次号で反論しようとしている『新潮45』編集部、リスクマネージメントに動いている自民党。さまざまな思惑がうごめく渦の中に、私自身も自らの意志で踏み込もうとしていました。

そんな折、ツイッターでは政治学者の中島岳志氏が若杉編集長について興味深い分析をしていました。

《『新潮45』の編集長・若杉良作氏は、『ムー』編集部出身。ニューエイジの右傾化という問題の一例として捉えることができるのではと考えています》

中島氏は、煩悶青年が国柱会などの超国家主義に魅せられていくメカニズムを、歴史を通してつぶさに研究されている方です。田中智学、石原莞爾、宮沢賢治、井上日正、北一輝……。人生に苦悩し、不安に苛まれた戦前の青年たちは、世界との一体化を希求し、政治へと傾斜していった。彼らが魅了された超国家主義は形を変えながら現代に息づいている。不安や疎外に苦悩する人間が、完全な一つの生命体へと回帰し、救済に導かれるというモチーフは、アニメ『エヴァンゲリオン』の世界観ともつながっているというのが中島氏の見立てです。世間ではネトウヨだと揶揄されている若杉編集長の深層心理にも、こうした「スピリチュアルと右派思想の結合」があるのではないか。中島氏はツイッターで、そう仮説を立てました。

私はこのことを若杉編集長に率直に聞いてみました。若杉編集長は笑いながら、「自分が『ムー』の編集部にいたのはたった1年で、たまたま人事異動で働いていただけ。オカルト思想に思い入れはない」と答えました。

若杉編集長がスピリチュアリズムに関心がないことを確認した私は、それでもまだ中島氏の言葉を考え続けていました。中島氏は右派の全体主義について考察していましたが、実は左派の全体主義についても同じことが言えると書いているのです。

中島氏は著書『超国家主義』の中で、「統整的理念と構成的理念」について説明しています。これはカントが提唱した概念で、前者は実現不可能な高次の理念、後者は実現性を前提とした理念のことをいいます。カントはこの両者の区別こそが決定的に大切なのだと説きました。それを踏まえて中島氏はこうおっしゃいます。

《重要なのは、統整的理念と構成的理念の位相の違いを認識することである。この両者の区別がなされず、統整的理念が構成化されたとき、壮大な暴力的悲劇が起こる。理念を阻害する人間への敵意が顕在化し、ラディカルな熱狂が社会を支配する》

中島氏が念頭に置いて書いているのは超国家主義や共産主義のことですが、私には近年のLGBT運動のことを言っているように感じられました。異論を許さず、自分たちこそが真理を知っているのだと急進的に現実の変革を実行しようとする彼ら。しかし、そうした企てはすべて失敗することは歴史が証明しています。保守思想家の中島氏は、政治は永遠の微調整でなければならないと言います。他者との価値の葛藤に堪えながら一つひとつ合意形成を積み重ねていくことが重要だと。LGBTはまだまだ新しい概念です。日本の差別発言のほとんどは、情報を知らないことによる失言です。だからこそ、粘り強い対話が必要なのです。

『新潮45』10月号へ寄稿することとなった私は、慣れない作業に戸惑いつつも、指定された6800字を必死で埋め、若杉編集長に送りました。雑誌に記事を書くのはもちろん初めての経験です。原稿の4分の1はカットされたでしょうか。10回以上ゲラの手直しがされ、ようやく仕上がったときには、ほっとしました。ワイドショーは、新潮社の校閲は業界最強といわれていたのにまったく機能していないと嘆いていましたが、そんなことはない。細かい表現をめぐって何度も協議をしました。

■小川榮太郎氏との対話

ところが、この10月号が再び叩かれることになったのです。10月号の特集のタイトルは「そんなにおかしいか『杉田水脈』論文」。その中に掲載された文芸評論家、小川榮太郎氏の論考「政治は『生きづらさ』という主観を救えない」が差別的な内容だと非難されました。小川氏は、「満員電車に乗った時に女の匂いを嗅いだら手が自動的に動いてしまう、そういう痴漢症候群の男の困苦こそ極めて根深ろう。再犯を重ねるのはそれが制御不可能な脳由来の症状だという事を意味する。痴漢が女性を触る権利も社会は保障するべきではないのか」と記述。論を進めるうえでのレトリックでしたが、痴漢とLGBTを同列なものとして扱ったと受け取られたのです。

『AbemaPrime』に出演する著者

私がネット番組『AbemaPrime（アベマプライム）』に出演したのは2018年9月25日。新潮社が『新潮45』の休刊（実質的な廃刊）を発表し、あわせて佐藤隆信社長と編集担当役員二人に3カ月間の10パーセント減俸処分を決めた日でした。秋田県出身のディレクターから連絡があり、急遽上京することになりました。前回のLGBT特集で小川榮太郎氏とゲイで明治大学教授の鈴木賢氏が激しく罵りあったばかりでしたので、六本木ヒルズのスタジオの空気はピリピリしていました。鈴木氏は

「自分ご自身がよく知らないことは公の場所で、特に文章で書いたりはされないほうがよろしいかと思います。恥ずかしいと思いますね」「あなたに聞いてないでしょ、私が話してる」「うるさい！」と小川氏に対して口汚く怒りをぶちまけ、視聴者から不評を買っていたのです。

この日の司会は小松靖アナウンサーとタレントの小籔千豊《こやぶかずとよ》氏。コーナーが始まる前のＣＭが流れている時間帯を利用して席に着いた私は、大きな声で「よろしくお願いします！」とあいさつしました。他の出演者と話をしていた小籔氏はじろっと私の顔を見て「松浦さんに言うても仕方ないんやけどね」と、ため息交じりに一言おっしゃいました。その言葉が何を意味していたのか正確にはわかりませんが、おそらく前回ケンカ腰で討論した鈴木教授の話題だったのではないかと思いました。

番組は、『新潮45』の記事を私がどのような思いで書いたのかについて出演者が質問するスタイルで進められました。《杉田水脈議員への過度なバッシングに疑問を感じています》《私が（杉田論文を）読んで最初に感じたのは「ああ、この方はある層の気持ちを代弁しているのだな」ということでした。あまりにも変革のスピードが速すぎると、人間の感情はついていけません。地方に住む多くの高齢者はＬＧＢＴという新しい概念に戸惑っています》と綴った真意を尋ねられ、私はこうこたえました。

「あまりにバッシングが激し過ぎると、人は心を閉ざしてしまい、対話のシャッターも閉じられてしまう。やっぱり分かってもらわないといけないわけだから、何とか対話の糸口を見つけていこうとすべきだ」

「特別なことを言っているわけではなくて、多くの人の気持ち、特に地方の高齢者の声を代弁しているんだろうな、と素直に思った。地方のおじいちゃん、おばあちゃんは世の中の動きが速すぎてついていけない。グローバル化で都会は街が変わり、外国人もどんどん増えていく。そうした中で、自分が今まで培ってきた価値観が壊されるような不安を感じていて、ＬＧＢＴに関しても警戒感を持っている。当事者から十分な説明がされていないからディスコミュニケーションになってしまっているし、ゲイという言葉だって分からないくらいなんだから、私はまずＬＧＢＴなどの英語をやめて〝性的少数者〟にすればいいのではないかと主張している」

左から著者、小松靖アナ、小籔千豊氏

「高齢者の皆様が生きてきた過程の中では限界がある。私は広島県出身だが、秋田放送のアナウンサーをしていたので、政治家としての地元は秋田県。支援してくれるおじいちゃんは、〝松浦はよ、病気だから、障がい者だから仕方ねえべ〟と言って、周りのおじいちゃんたちを説得してくれるが、私はこれを差別だとは感じていない。ＬＧＢＴの人たちは〝自分たちのことを理解して欲しい〟と言うけれど、じゃあ、あなた達は、そういう高齢者のことを理解しているのか」

　すると、小籔氏の表情が一変して明るくなり、「ドッカンとぶつかってええ答えになったためしはないと思う」とコメント。鈴木教授を通して抱いていたＬＧＢＴに対する違和感が氷解していく様子が見て取れました。番組終了後、出演者全員で写真を撮りました。この日の番組は反響が大きかったらしく、続いて9月29日の『みのもんたのよるバズ』への出演オファーもいただきました。

『よるバズ』のゲストは、小川榮太郎氏、衆議院議員の足立康史氏、そして私の３人。小川氏とは初対面でしたので緊張しましたが、番組の冒頭、私はこう切り出しました。

「多くのＬＧＢＴの当事者が小川先生の論文を読んで悲しい気持ちになったのは事実なので、それは大変残念なことだったと思う。ただ、小川先生のような立場というのは思想的にあり得ると思うし、日本だけではなく海外にも多い。だからこそＬＧＢＴは小川先生のような方とこそ対話をすべきだと思っている。今回の論文の中にも、対話のチャンネルが意図的に盛り込まれていると思った。だから私はそれをしっかり拾っていって、いくらでもコミュニケーションできると思う。お話できるのを楽しみにしてきた。言論には言論で対応すべきだ。新潮も座談会でも何でもいいので、賛成・反対を呼んで、やればよかったと思う。いまだにお便りはないが、私は論文で杉田議員にも対談を呼びかけている」

小川氏は、私の目をじっと見ながら話を聞いてくれました。議論は緊張感の中にも和やかな雰囲気で進み、いよいよ同性婚の話題に。小川氏は、絶対に同性婚は認められないという立場です。その小川氏に、私はこう疑問を投げかけてみました。

『よるバズ』で対論する小川榮太郎氏(右)と著者

「先生はこの論文の中で、結婚は制度を超えて、ダダ洩れになる欲望に蓋をする役割があるということをお書きになっている。ではその枠の中に同性愛者を入れることはできないか。同性愛者は大体が奔放な性生活を送っている。それは一つには結婚という制度がないから。ガバナンスの上からそこに同性愛者を入れて囲い込んでしまうということは論理的にはありうる話ではないでしょうか」

それを聞いた小川氏はこう答えました。

「論理的にはあり得ますよね。論理的にあり得る話をいただくと、私は宿題として考えます」

対話の扉が開いた瞬間でした。そして私は、最後にこう質問してみました。

「小川先生の論文のタイトル「政治は『生きづらさ』という主観を救えない」。これは福田恆存ですよね。よい政治は99人を救えるが残りの一人は救えないのだと。その一人を救うのは文学だという話ですよね。その文学がいま力を失ってるから、（LGBTにおいても）政治がせり出しているのではないのでしょうか」

LGBTがこれだけ激しく政治問題化する要因の一つには文学者の堕落があるのではないか。もっと言えば、それを指摘してこなかった文芸評論家にも責任の一端があるのではないかという投げかけでした。

番組終了後、控室に戻る廊下で小川氏に呼び止められ、「松浦さんとは議論できる。ぜひまたやりましょう」と言われました。その何日か後に、さっそく小川氏から電話がかかってきました。「『月刊Hanada』で対談をしませんか」というお誘いでした。

小学館をはじめとする大手出版社のビルが立ち並ぶ神保町を訪れたのは何年ぶりのことだったでしょうか。『月刊Hanada』を出版している飛鳥新社は、地下鉄の駅を降りて2分くらい歩いたところにありました。会議室に行くと、すぐに花田紀凱《かずよし》編集長が現れ、名刺交換しました。さすが、いま一番売れている保守系雑誌の編集長、その敏腕ぶりは眼光の鋭さが物語っていました。少しして小川榮太郎氏も到着。私たちは対談用に用意された別のビルの部屋へ移動しました。小川氏とはテーブルを挟んで向かい合うように座り、そのまま対談がスタートしました。

私はまず、「保守側の誤解を解きたい」と三つの点について話しました。

1点目は、LGBTは左派だと思われているかもしれないが、むしろ保守のほうが多いという現実についてです。

自民党本部前で行われた抗議デモをマスコミは好意的に伝えましたが、多くの当事者からは違和感の声が上がっていました。安倍政権打倒のプラカードや自民党への激しいアジ演説に対して、「杉田論文には抗議したいが、あれでは自民党支持の私は参加できない。当事者の中には保守も大勢いることを知ってほしい」との思いは、最後まで取り上げられることはありませんでした。カミングアウトせず、普通に働き、政治的な意見表明をしない人々の存在を無視して、あのデモがLGBTの代表のように報じられてしまった。LGBTに関心を持つメディアは左派系が多いので、そこから出てくる情報にはフィルターがかかっているのです。記者がニュースに登場させるLGBTも左派的傾きのある人ばかり。LGBTの中には保守の論客もいるのに絶対に表に出さない。マイノリティの中の多様性を封じ込める空気を変えなければ議論は深まらないと思います、と述べました。

2点目は、LGBTはジェンダーフリー論者ではないということについて申し上げました。

保守の中にはＬＧＢＴは性別を破壊することを目的にしていると主張される方がいるのですが、そうではありません。逆に、性別がなくなると困る存在なのです。性愛の対象としてゲイは男性、レズビアンは女性を選ぶ。性同一性障害の場合も、性別適合手術を受けたあとは社会に溶け込んで、男性あるいは女性として生きていきたいので、性別二元制を廃止することを望みません。ですから手術後は周囲に気づかれないように、ＮＰＯなどの支援団体へ出席しなくなる方も多い。それとは別にＸジェンダーと呼ばれる方々は、男性女性の区分けに対して苦痛を感じていますが、それでも性別の基軸がなくなれば、自分が何に違和感を持つ存在なのかさえ分からなくなります。性別が失われるとより一層困難な状況になると思います。性のあり方は一つではなく、この方たちに対しては丁寧に対応していかなくてはなりませんが、本質主義批判一辺倒では何の解決にもなりません。

３点目は、性的嗜好と性的指向は、当事者が生存戦略としてあえて区分けしてきたもので、本来は分けることはできないということについてしゃべりました。

小川論文で性的嗜好という言葉が使われたことについて、「指向」の間違いだから訂正せよと激高した人がいましたが、歴史を知らない若い世代が増えてきたなと感じます。なぜ「指向」と「嗜好」を分けるようになったのか。戦前・戦後を通して、ゲイの多くは結婚し、趣味として男色文化を楽しむ人が多かった。しかし近年では性的嗜好から零れ落ちる人たちが増えました。自分の人生をどう生きるのかという実存的問題が浮上してきた。それはゲイ雑誌の変遷からも見て取れます。かつての『薔薇族』は、伊藤文学氏というノンケの編集長の、かわいそうなゲイを救済する発想で生まれた雑誌でした。レズビアンとの偽装結婚を推奨し、隠れホモとして夜はゲイバーで遊べばよいと主張していました。

しかし1990年代以降、それに不満を持つ若者が出てきます。自分たちの存在とは何なのかを強く意識し、自分たちの時代にふさわしい新しいライフスタイルの雑誌を作ろうと始めたのが『Badi』でした。可哀想だと眼差されるのを拒否する当事者としての主体が生まれ、それまで世間に、四六時中セックスのことを考えているように誤解されていたゲイが、セックスは自分のほんの一部で、それ以外の人生を充実させたい、自分たちはセックスモンスターではないと訴えるようになります。そのアピールのなかで性的嗜好と指向を分ける必要があり、運動戦略としてそうしたのです。意図的な分類だと、当時の当事者は暗黙にわかっていました。先天的ではない性的指向もあれば、生涯変えることのできない強固な性的嗜好もあるからです。

今まで聞いたことのないLGBT論に、小川氏も花田編集長も目を皿のように丸くしていました。メディアに流通する「LGBTの正しい知識」は左派サイドからの視座であり、別の角度からは違った風景が見えることを理解されたようでした。お二人は何度も何度も「重要なご指摘です」とおっしゃっていました。

最後に私は、小川氏に「宿題」について尋ねました。

《先ほど小川先生は同性婚を認めない立場だと言われました。私たちがなぜ同性婚を求めるようになったか、お話ししたいと思います。人はなぜ結婚して家族を作るか、不安が基礎にあるからだと思います。一人で生きていくことの不安への対処と、もう一つ社会的な安定性のために結婚制度ができたと思います。同性愛者も一人で生きていくことに不安があり、パートナーを求め、さらに制度的に承認されることで安定性を求めたいと考えているわけです。異性愛者の結婚制度の枠組みのなかに同性愛者を組み入れることは、私は可能だと思います。それは決して結婚制度を壊すことにはならず、むしろ社会は安定するでしょう。同性愛者が国家に承認されると、自分たちを認めてくれた国家に貢献したい気持ちになります。諸外国でもそうで、しかも日本では昔から同性愛に寛容な伝統がありますから、欧米のような激しい反発が起きることはないと思いますが、小川先生はどうお考えですか》

小川氏は、「不安があり、社会に帰属する場所がほしい、パートナーの存在についても社会に一定の位置を考えるべきという議論までは賛成です。しかし、同性婚の承認には時間をかけるべきです。人類の長い歴史で、同性婚という制度は検討されてきませんでした」とお答えになりました。私はすかさず、「その一歩手前のカジュアルな制度で、フランスなどで採用されている同性パートナーシップについてはいかがですか」と聞きました。すると、こう応答してくださいました。

《これまで、その問題を考えたことがないのですが、社会のなかに位置を得たいというお話はよくわかりました。しかもそれが、割合から推定すれば、日本で少なくとも数百万人いるわけですから、これほど多くの人が制度的にまったく位置づけられなくてもかまわないというのは保守ではありません。今後、十分検討していく必要があると思います。松浦さんは、社会で保障されないからゲイがフリーセックスになる面があると指摘されていますが、たしかにそのとおりで、結婚制度があるから人は自己拘束をしていく。気がつかなかった視点で、なるほどと思いましたね》

あの小川氏が、同性パートナーシップ制度については検討すべきだと、まさかの宣言。驚きました。そして何よりうれしかったのは、私からの「宿題」を真剣に考えてくださっていたこと。これこそが、原理主義的な欧米との大きな違いなのだと胸が熱くなりました。

対談の終わりに「小川先生、ぜひ一度、新宿2丁目のゲイバーに一緒に行きましょう」とお誘いしました。小川氏も快諾してくださり、後日「Gapan café」という店にお連れしたのですが、すっかり気に入った小川氏は、一度のみならずそれから何度もお一人で足を運んでいらっしゃいました。

1-3 LGBT活動家による「正義の独占」問題

■異論を許さぬ対立型左派ポピュリズムの限界

朝日新聞の後藤太輔記者から取材を受けたのは2018年9月28日。このときも秋田市にあるキャッスルホテルのレストランの個室を予約し、お会いしました。後藤記者のプロフィールにはこう書いてありました。

《孤立する子どもや若者に、出会いや経験をスポーツを通じて提供する取り組みなど、社会を変えるために利用するスポーツ、社会課題解決型スポーツが大きなテーマ。スポーツと社会貢献、フィギュアスケートなど冬季五輪種目、パラリンピックスポーツ、サッカーなど担当。大分県別府市出身。水泳、野球、アメリカンフットボールのプレー経験があります》

お話を伺うと、海外のトランスジェンダーのスポーツ選手についても取材経験があるそうで、『フィギュアスケートとジェンダー ―― ぼくらに寄り添うスポーツの力』（現代書館、2018年）というご著書も出版されていました。

当初、私は朝日新聞からの取材ということで警戒していました。朝日新聞には昔からLGBT問題について仕切っている二階堂友紀《ゆき》氏という記者がいて、保守層にLGBTへの理解を求める活動をしている私を快く思っていなかったからです。しかし今回の企画は二階堂記者とは違うラインで進められているとのこと。そして私のほかにも、自民党の稲田朋美衆議院議員、漫画家の小林よしのり氏へのインタビューが予定されていることを聞き、胸をなでおろしました。それと同時に、後藤記者たちの問題意識も瞬時にわかりました。自分とは違う意見を認めない視野狭窄なリベラルへ疑問を持つ記者が、朝日新聞社内にも少なからずいるのです。保守と呼ばれるこの3人を登場させることで読者に別の視点を与え、リベラルが陥っている矛盾について考えさせようとしていたのだと思います。

私は次のようにインタビューに答えました。

《ＬＧＢＴを含む性的少数者の多くは、『新潮45』たたきを白けて見ていたのではないでしょうか。ゲイである私は、当事者の頭越しに、当事者ではない人たちが激高している姿を見て、「最近まで同性愛者を気持ち悪いと言っていたくせに」と思いました》

《杉田氏のような発言をする人を、私は差別主義者だとは思いません。情報不足による発言だからです。「差別だ」と言う人も、その対象は昔のあなたの姿ではないか、顧みてください。少しだけ先に理解したかどうかの違いです。６年前、当時与党だった民主党内で性的マイノリティ小委員会立ち上げを呼びかけましたが、約４００人の議員の中で協力者は10人前後でした》

《性的少数者のことも、それに拒否感を持つ人のことも理解し、ゆっくりと世論を変えていくべきです。生活を共にして、時間をかけて対話を重ね、「相手が困っているのなら助けたい」と思えることが、心からの理解です。保守はリベラルに、リベラルは保守に、共感してもらえる言葉をどう見つけていくか。互いの言葉を翻訳できる、新しい立ち位置の人が出てくることを期待したいです》

議論を許さず、目の前の異物を取り除くことが正義だと強迫神経症的に信じ込んでいる人たちへの私なりの牽制球でした。

この記事が掲載されると、案の定、左派の人たちから朝日新聞に批判が寄せられました。「稲田朋美や小林よしのりにLGBTを語らせるとは何事か！」「なぜこの3人なのだ。人選がおかしい」といった声は、まさに私が指摘したリベラルファシズムそのものでした。そして、朝日新聞の二階堂友紀記者は、雑誌『世界』でわざと私の実名を挙げて攻撃してきたのです。その記事にはこう書いてありました。

《松浦氏の言説は、分断を憂い、対話を呼びかける態度をとりながら、差別の否定という普遍的な価値を弱らせ、差別をはびこらせる危険を内包している》

私はため息が出ました。「あのね、二階堂氏、対話ってそんなに簡単なものじゃないよ。そもそも金切り声を上げる風紀委員のような人間と誰が対話したいと思う？　あなたは差別した者は許してはならないというけれど、国外退去でもさせるつもり？　そうやって一人ひとり排除していけば、たぶん日本の人口の４分の３は出て行かなければならないね。それって現実的だと思う？」と、心の中でつぶやきました。バイデン大統領になったからといってトランプ支持の白人至上主義者をアメリカから追放できるわけではありません。あるいは宗教上の理由からＬＧＢＴを認めないイスラム教徒を地球上から追い出すこともできません。私たちは否が応でも感受性の異なる他者と共生していかなければならないのです。そのためにはあらゆる知恵を絞らなければならない。こうしたＬＧＢＴ当事者の切実な思いが、二階堂記者にはわからないのだろうなと思いました。

二階堂記者は「普遍的な価値」という言葉を使いますが、後期ロールズが転向を宣言したように、普遍主義はただの欧州ローカルルールにすぎません。正義は一つではなく、それぞれの陣営にそれぞれの正義があるだけ。そうしたポストモダン状況において、自分たちの価値観をぶつけ合っても意味はない。お互いが傷つけあわずに生き延びるためには、共感可能性をいかに広げていくかが重要なのです。酒を酌み交わし、肩を抱き合いながら、「あんたが主張していることには反対だが、あんたがいい人だということはわかった」と言わせればしめたもの。だから私は小川榮太郎氏をゲイバーに誘ったのです。

ゲイで哲学者の千葉雅也氏は、そのことを高く評価してくれました。

《昨日は松浦大悟さんにもご挨拶。小川榮太郎氏の件は周りのゲイ友も松浦よくやったと褒めてましたよ、とお伝えした。かつ、でも松浦さんは保守だからね、そこは僕とは違うから、とも言った。まあ、彼もどこまでがタクティカルな振る舞いなのかわからないけど》

アメリカのヘイトクライムはＬＧＢＴを射殺したり同性愛矯正施設にぶち込んだり家に放火したりしますが、日本にはそのような事例はありません。だからこそ、相手を悪魔化し断罪するのではなく、ダイアローグが有効なのです（ちなみにアメリカでは現在も36州で同性愛の矯正施設が認可されており、およそ10万人が「治療」されています。映画『ある少年の告白』参照）。

国会では以前のような提案型野党は廃れ、完全対決型になっています。55年体制に先祖返りしてしまいました。それに呼応する形でＬＧＢＴ運動にもイデオロギーが持ち込まれるようになりました。二階堂記者は、対話論は対案路線に似ていると揶揄し、権力批判の封じ込めは野党やメディアの力を削ぐと鼻息を荒くしますが、こうした左派ポピュリズムでは事態を打開できないことはSEALDsなどの事例によってすでに明らかです。なぜなら政治は敵を増やすのではなく、最大公約数的に仲間を増やしていかなければならないからです。国会においてもＬＧＢＴ運動においても、対話の重要性を思い出すべきです。

朝日新聞の二階堂記者と歩調を合わせるように私を非難してきた人がいました。立憲民主党の尾辻かな子衆議院議員です。

《松浦さん「LGBTを含む性的少数者の多くは、『新潮45』たたきを白けて見ていたのではないでしょうか」。松浦さんが白けたのはそうなんでしょうが、多くと言っていいのか》

このツイッター発言も、残念という他ありません。彼女は性的マイノリティとして一体何を見てきたのでしょうか。たった数年前にLGBTの「お勉強」をして知識を得たばかりのノンケたちが、「お前、こんなことも知らないの?」と杉田議員を上から目線で叩く滑稽さ。

以下は、そのことにあきれ果てていた当事者たちの言葉です。

哲学者・千葉雅也氏

《とにかく、マジョリティの人たちに言いたいのは、君たちは15年前に同性愛とかトランスとかの人々のことをこんなふうに支持しようと思っていたか? その後考えを変えたのはいいが、いま急に味方のつもりになっているということの恥ずかしさを改めて心に刻め、ということです》

《マジョリティどもは、今日のネトウヨ対リベラルのわかりやすい二元構図においてリベラルの側に立てば、もうおのれの罪責性が許されたかのようにふんぞり返って弱者の味方とか言ってるわけ。シンプルに言って。罪責性思い出せよ、と》

ジャーナリスト・北丸雄二氏

《『週刊新潮』が小汚い記事を書き続けても廃刊・休刊や大規模抗議行動なんか招かないのに、『新潮45』がちょいとLGBT逆張りテキストで稼ごうとしたらこんなに炎上してすぐに降参する。LGBTって、ついこないだまでみんなでオカマだ変態だキモいって嗤《わら》ってたのに、この変わり身の早さと虚ろな処世。ま、いいけど》

作家・伏見憲明氏

《↓ちょっと前までみんな同性愛を差別してたからなあ。当事者だってね。自分たちですら自己肯定の言葉を持っていなかったのだから、とくに上の世代の人たちが差別的なのも仕方ないっちゃーしかたない。ここはそういう方々にも問題を共有してもらって、大いに学んでもらうのもいいかと》

尾辻議員にしてみれば、これを契機に立憲民主党に投票してくれるかもしれないノンケたちの気分に水を差すなよということかもしれませんが、私は性的少数者としての矜持を忘れるなと言いたい。今回の騒動を微妙な気持ちで見守っていたLGBT当事者の仲間たち。とりわけ歴史を知っている先輩たちの何とも表現しがたい複雑な感情に敏感であってほしかった。そうしたセンシティブな思いを丁寧に紐解き汲み取ってきたのが、これまでのLGBT運動ではなかったでしょうか。差別禁止の美名のもとに、何か大切なものが失われようとしていると感じます。

■マスコミ主導の「LGBT物語」も共同幻想

社会学者の宮台真司氏は、節操のない日本のLGBTブームについて三島由紀夫氏をひきながらこう分析します。

《日本人は敗戦後、一夜にして民主主義者に変わった。近年では一夜にしてLGBT（性的少数者）主義者に、ダイバーシティ（多様性）主義者になった。日本人は周りを見回して自分のポジションを保ちたがる。空っぽで入れ替え可能な存在だと三島は見抜いていた》（日経新聞）

《LGBTを大切にしましょうとか、me too のプレッシャーでフェアなふりをするというのは、実は内発性、関係ないじゃん。「私も多様性は大切だと常々思っていました」みたいなクズがたくさんいる》（ビデオニュース・ドットコム）

日本人は物事の本質について考えているわけではなく、自分たちが非国民だと名指しされないための処世術を行っているに過ぎない、というのが宮台氏の指摘です（2007年、私は辻元清美衆議院議員にカミングアウトをしましたが、そのとき彼女は一言も返事をせず、目も合わせてくれませんでした。昔からLGBTの味方であったかのようなスピーチをしている辻元氏の姿を見ると、何とも言えない気持ちになります）。

この論考は、吉本隆明氏の大衆批判とも響きあいます。日本思想史研究者の先崎彰容《せんざきあきなか》氏によると、吉本氏が『共同幻想論』（河出書房新社、１９６８年）を書いた動機は戦争体験にありました。敗戦後、昨日まで信じていたものがすべてひっくり返る混沌の中で、吉本氏は「あらゆる価値観は信じるに足るものではありえない」と思うに至った。そして、戦前日本の国家体制をなぜ自分は信じ切ってしまったのか、なぜ人は何かを信じてしまうのかとの思索を深めていったのです。吉本氏は「戦後民主主義」を無謬の正義だと思っている人も信用しません。右の共同幻想も、左の共同幻想も、どちらも同じ独善だからです。

マスコミ主導で作られていった「ＬＧＢＴ物語」も、私から見れば新しい共同幻想です。「共同幻想を疑え！」という吉本氏の声は今回も届きませんでした。日本人のメンタリティは戦前から何も変わっていないのです。

先崎氏は吉本氏を特集したテレビ番組で「僕たちは複雑に社会がなればなるほど実は正解を求めたがるんですよ。こういう風な処方箋を出せば社会が正しくなるとか、こういう物の見方こそが正しいんだというように飛びつきがちなんですけれども、それを一貫して拒否したというその精神の強靱さですね、それが吉本隆明の凄さなんだと思いますね」とコメントしています。『新潮45』廃刊騒動において、既存メディアから吉本氏のようなものの見方が出てこなかったことが残念でなりません（先崎彰容『１００分de名著　吉本隆明　共同幻想論』参照)。

一方、都会のから騒ぎを横目に、地方では少し違ったトーンでの報道がなされていました。2018年9月23日、岩手日報の社説は私が書いた論文を紹介し、このように問題提起しました。

《どう変えていくか。月刊誌の特集にはLGBT当事者も論文を寄せた。その中の「地方に住む多くの高齢者はLGBTという新しい概念に戸惑っています。これまで自分が培ってきた価値観を否定されたような居心地の悪さを感じています」との指摘は、重く受け止める必要があろう。

やはり、足元から少しずつ理解を広げていくしかない。まずは、知る。そして、出会う。存在が見えなければ、先に進まない。そして、語り合う。その先に理解がある。

盛岡市で今月、LGBTへの差別や暴力解消を訴える「プライドパレード」が、本県で初めて行われた。

多様性を象徴する虹色の旗を振り行進する当事者ら。沿道から手を振る市民。晴れがましい光景に、岩手は確かな一歩を踏み出したと感じた。地方から対話、そして理解の輪を広げていきたい》

この論説を読んだとき、地方に暮らす方たちには私のメッセージがしっかり伝わっているなとうれしくなりました。ＬＧＢＴのことを一切知らないお年寄りに「はい、あなたの発言は今日からレッドカード！」と退場宣告することはどう考えても無理があります。おじいちゃん、おばあちゃんに「今日から男と男が結婚できるようになりました！」なんて言えば笑われます。丹念に対話を繰り返すこと。そして、お年寄りにはＬＧＢＴについて知ってもらい、ＬＧＢＴ当事者には高齢者の実存について知ってもらうこと。これは時間がかかる作業です。忍耐力を必要とします。でもそれが、アメリカのようなバックラッシュを起こさせない唯一の方法なのです。

ゆっくり変えていくことが必要

メディア出演が増える中、一番驚いたのは大阪のテレビ局から声をかけていただいたことです。ＡＢＣ朝日放送の夕方の帯番組『キャスト』への出演依頼でした。２０１８年10月29日、私は飛行機で大阪へと飛びました。実は私は学生時代、ＡＢＣ朝日放送の子会社であるＡＢＣアナウンスアカデミーで勉強していました。そこの第1期生でした。その話をスタジオまで案内してくれたスタッフの女性にすると「うちの社屋も建て増しを重ねて、すっかり変わったでしょう」と懐かしんでくれました。

メインキャスターの上田剛彦《たけひこ》アナウンサーは、ＡＢＳ秋田放送でニュースキャスターをしている田村修アナウンサーの上智大学ボクシング部時代の後輩です。私が田村アナの先輩だと事前に調べていたのでしょう。「田村さんにはいつもお世話になっています」とスポーツマンらしくさわやかに挨拶してくれました。他の出演者は、秋田県の国際教養大学でも客員教授として教壇に立つ国際ジャーナリストの小西克哉氏、ABCテレビコメンテーターの木原善隆氏、キャストコメンテーターの松尾依里佳氏といった面々。私は「ゲキ論!」という10分間のコーナーへの出演でした。この日の台本を見るとタイトルには「みなさん、覚えているでしょうか? 杉田水脈・衆議院議員の『LGBT』をめぐる論文。当事者は、いま、何を思うのか?」と書いてありました。

番組前の打ち合わせでは、いろいろな質問を受けました。小西氏からは「松浦さんは論文の中で日本のLGBTは保守が多いとお書きになっている。しかしアメリカでは圧倒的にリベラルのほうが多い。なぜ日本では保守が多いのか」と聞かれました。私は「その答えは簡単です。日本は二大政党制ではないからです。LGBTはセクシュアリティ以外は異性愛者と同じですので、支持政党を聞けば一般の世論調査と同じになると思います。性は生活の一部にすぎず、ゲイであるから社民党支持というわけではありません。傾斜生産方式に象徴されるように、日本は世界一優秀な社会主義国だといわれてきました。本来ならリベラルが担わなければならない福祉政策なども自民党が一手に引き受けてきました。だから長期にわたる政権を維持することができた。こうした安定を求める生活保守が日本のＬＧＢＴには多いような気がします」と言いました。上田アナからは「松浦さんが一番伝えたいことは？」と尋ねられました。私は、スタッフルーム全体に響きわたるように、わざと大きな声で答えました。「テレビではよくＬＧＢＴ特集をやりますけど、朝日放送の中にもＬＧＢＴはいるのです。じゃあ、朝日放送のＬＧＢＴに対する取り組みはどうなっていますか？　他人事として伝えるのではなく、まずそこから始めるべきではないでしょうか」

番組は、初心者の方にもわかりやすく伝えるため、ＬＧＢＴの意味の説明からスタート。そして「松浦さんがゲイだと気づいたとき、どうでしたか。嫌な思いはされましたか」と、私個人の受け取り方について聞かれました。「会社の飲み会では、付き合っている彼女の話や、好きな女性のタイプについて聞かれることも多い。そうしたときゲイは、まさか上司に男が好きですとは言えないので、好きな男性のことを女性へと脳内変換し、場の空気を壊さないように気を使いながら答えている。その瞬間は、寂しい気持ちになりますね」と返答すると、出演者の皆さんは初めて聞いた話に驚いているようでした。

そのあと番組は『新潮45』の話題に。この寄稿についてどう感じたか、コメンテーターの皆さんがそれぞれ感想を述べました。大方の出演者は「生産性」発言に怒りを示していました。私はそれを聞きながら、少し当事者の感覚とズレていると感じました。そして「生産性というのは再生産の意味であり、ゲイ同士で子どもを作れないのは当然。当事者が違和感を覚えているのはそこではない」と言うと、全員がきょとんとした表情になりました。「どうもこの人は、今までイメージしていた弱者としてのＬＧＢＴ像とは違うぞ」というもやもやした空気がスタジオに流れました。

コーナーも終わりに近づいたころ、「この論文全体を見た松浦さんの意見はこちら」と、司会者が私の書いたフリップを出しました。

ＡＢＣ朝日放送で著者が書いたフリップ

《過度なバッシングに疑問。ＬＧＢＴは新しい概念であり、ゆっくり変えていくことが必要》

すると、小西氏が「そんなことを言っていたら１００年たっても法律なんかできませんよ！」と声を荒げていいました。フロアディレクターは手を大きくぐるぐるさせて「巻き」のサインを出しています。コーナー終了時間を過ぎていることを察知した私は、１点だけ過去の事例を挙げて反論しました。「大阪市では、あるＬＧＢＴ団体の意見を鵜呑みにし、レインボートイレを作りました。だけど当事者からは反対の声が上がったのです。なぜならそこを使えば、自分が性的マイノリティだとバレてしまうから。結局大阪市はこのトイレを廃止しました。一部の声だけで政策を進めれば必ず間違いが起こります。出来るだけ多くの当事者の声を反映させること。そのためには時間がかかるのです」。そう言い終わると上田アナが急いでまとめに入ろうとしたのですが、途中でCMが流れ、そのままコーナーは終わってしまいました。テレビは万人にわかりやすく伝えなければなりません。だからどうしても弱者テンプレ報道になってしまいがちなのです。感動ポルノに陥らないためにはどうすればよいか。これからのメディアの課題だと思います。

■恫喝で人の心を動かすことはできないと知るべき

年が明けて2019年1月5日、再び『みのもんたのよるバズ』に出演させていただきました。私のほかには、自民党の稲田朋美議員、小川榮太郎氏、タレントの一ノ瀬文香《あやか》氏がゲストとして招かれていました。

控室で待機していたところ、突然グッド・エイジング・エールズ代表の松中権《ごん》氏から電話がかかってきました。「今日、AbemaTVに出るんだって?」という確認でした。その時はたまたまどこかで情報を知ってかけてきたのだろうと思っていたのですが、2度目の電話がコーナー開始直前にあり、さすがにこの時は出ることができなかったものの、「何か言いたいことがあるのだろうな」と感じていました。

番組が終わって、用意されたホテルにチェックインすると、松中氏から3回目の着信がありました。いま明治大学の鈴木賢教授のマンションにみんなが集まっているのだけど来ないかという誘いでした。「それって糾弾会じゃないの?」と私が言うと、「糾弾会ではないです」と松中氏はすぐに否定しました。鈴木賢教授はこれまで「頭大丈夫?」などと私にツイッターで複数回絡んできていたので疑わしく思いましたが、番組出演後の高揚感もあり、私はその飲み会に参加することにしました。

案内された都内のタワーマンションにつくと、部屋番号を押して了解を取らないと開かない自動ドアを2回通り、ようやく鈴木教授のお宅に入ることができました。そこにいたLGBT活動家のメンバーは、鈴木賢教授と彼のパートナー、松中権氏（グッド・エイジング・エールズ代表）、杉山文野《ふみの》氏（東京レインボープライド共同代表）、山縣真矢氏（元東京レインボープライド共同代表）、生島嗣《ゆずる》氏（NPO法人ぷれいす東京代表）、シゲ先生こと鈴木茂義氏（公立小学校教員）の7人。

リビングルームの大型テレビには、さきほどの AbemaTV の録画が流されていましたが、皆さん口々に「私たち番組を見てないのよ。何かね、途中で切れちゃったのよね。おかしいわよね」とニヤニヤしながらおっしゃっていました。最初は自己紹介をしながら談笑していたものの、やはり目的は私への論難だったようで、途中からは激しい言葉が飛び交う議論の応酬となりました。鈴木教授からは次のような趣旨の発言がありました。

①あなたの「保守」の定義は間違っている。平沢勝栄は保守ではない、バカだ。保守という言葉を使うのをやめろ。

②あなたは立憲主義の立場から解釈改憲での同性婚に反対というが、「立憲主義」の定義が間違っている。立憲主義という言葉を使うのをやめろ。

③地方が都市よりもLGBTへの理解がないというのも間違っている。新宿区は一番頭が固い。札幌のほうが条例を作りやすかった。

④「保守」や「国家」など、大文字で語るのをやめろ。「私はこう思う」と言え。

それを聞いて私は「これらの言葉を使うことが、よほど都合が悪いのだな」と心の中で苦笑いしました。①については鈴木教授の主観にすぎないし、②については第2章で指摘するように、立憲主義の本懐についてリベラル知識人の中に錯誤がある。③については、札幌市は地方ではなく大都市であり、④については、「私たちLGBTは～」と大文字の言葉で語っているのは鈴木氏も同じだからです。

彼らが激高するのはある意味において当然なのです。なぜなら私は、LGBTへの左翼的アプローチを脱構築するためにあえてこうした言葉を使っているのですから。私は鈴木教授にこう言いました。「こんなことで大の大人（の私）が意見を変えることはありませんので」。するとと松中氏から「松浦さんは発信力があるから注意してもらわないと」という旨の発言がありました。

こうした場に呼び出して集団で確認・糾弾する行為は違法だと、後で知人には言われました。法律を専門にしている鈴木教授はそのことを十分にご存じだったのでしょう。帰り際には私を交えた「仲良しグループ」を印象づけるアリバイ写真を撮り、山縣氏が後日フェイスブックに掲載していました。

リベラルの人たちの最大の勘違いは、自分たちが信じる「正義」を理論的に説明すれば相手は納得してくれると思っているところです。しかしそれは、あまりにも牧歌的な考えです。なぜなら正義の反対は悪ではなく、もう一つの正義だからです。リベラルが批判する対岸にはもう一方の「当事者」がおり、もう一方の「正義」があるのです。相手の感情を動かすにはどうすればよいか、私たちは知恵を絞らなければならない。恫喝で人の心を動かすことはできません。

第２章

ＬＧＢＴ活動家の言葉は、常に正しいのか

2-1　左に傾きすぎたＬＧＢＴ運動を中道に戻したい

■不都合な真実

毎年ゴールデンウィークに合わせて行われている日本最大のＬＧＢＴの祭典「東京レインボープライド」。東京の代々木公園をスタート地点として渋谷や原宿をパレードしている様子を、過去にテレビでご覧になった方も多いでしょう。例年なら20万人を超えるイベントですが、２０２０年は新型コロナウイルスの影響で初のオンライン開催となりました。主催者はＳＮＳでのハッシュタグ「＃おうちでプライド」をつけた投稿を呼びかけ、性的マイノリティの当事者、当事者の家族、共感を寄せる非当事者のみなさんがそれぞれの思いをつづりました。

しかし、光があれば闇もあるのが世の常。きらびやかなお祭りの話題でかき消されてしまいましたが、東京レインボープライドの約1カ月前に生じた「ある事件」がＬＧＢＴを二分する大論争を巻き起こしたことはあまり知られていません。そしてそれは今も火種となってくすぶっているのです。

きっかけは『Asagei Biz』（アサ芸ビズ）が配信したニュースでした。記事によると、同性愛を公表している立憲民主党の石川大我参院議員が、新型コロナウイルスの感染拡大が問題になっていた3月20日の未明、ゲイタウンである新宿2丁目で警察官を相手に大騒動を起こしたというのです。

石川氏は午前2時ごろ、たまたま通りかかったパトカーをにらみつけ、いきなり動画で撮影し始めました。警察官がやめるように注意すると「オレは2丁目を偉そうに歩き回る警察を撮るのが趣味なんだ」「警察に肖像権はない」と挑発したそうです。

さらに「名前を言え！　警察手帳を撮らせろ」と大声でわめいたかと思うと、今度は自分でその場から110番通報をして別の警察官を呼び、「オレは国会議員だぞ！　ビビっただろう」と権力をちらつかせたといいます。公衆の面前でのやり取りは約1時間続いたとのこと。泥酔していた様子の石川氏は、最後は警察官になだめられ帰途に就いたそうです。

この報道を受けて石川氏のもとには非難が殺到しました。市井《しせい》のLGBT当事者からも国会議員としての自覚のなさを嘆く声が寄せられました。

ところが、日頃から石川氏を支持している一部のLGBT活動家だけは逆でした。「警察はわざとハッテン場に張りついている」「性的指向をもとに職質のターゲットを絞っている」と、事もあろうに警察批判を展開し、石川氏を英雄とみなす人も出てきたのです（ハッテン場とは、不特定多数の男性が男性同士の性行為を目的に集まる空間のこと。全国に約170店あり、都内には新宿区を中心に約70店あります)。

同じくゲイであることをカミングアウトしている政治家として「これはまずい」と思った私は、すぐさま次のような内容をツイッターにアップしました。

《警察が新宿2丁目のハッテン場前を重点的にパトロールしているのは、薬物を使うゲイがあまりにも多いからです。何でもかんでもゲイ差別と結びつけて思考停止するのではなく、どうすれば薬物との関係を断ち切れるのかみんなで考えるべきだと思います》

ゲイと薬物との親和性については昔から問題視されてきました。ゲイナイトでプレイするDJやドラァグクイーン(男性が女性の姿で行うパフォーマンス)、ゲイバーのママが逮捕された話は事欠きません。覚せい剤取締法違反罪(所持)で2度目の逮捕、起訴となったミュージシャンの槇原敬之《まきはらのりゆき》被告の秘匿捜査を進めていたのも新宿2丁目を管轄する警視庁四谷署でした。

ハッテン場周辺の見回りは性的指向への偏見によるものではなく、性行為での興奮をより高める目的で違法薬物を使用するゲイが減らないからです。こうした情報は新宿2丁目をフィールドワークした経験のある人なら誰もが承知していることであり、警察は決して「性的少数者いじめ」をしているわけではないのです。

皆さんは「ラッシュ」という薬物をご存知でしょうか。ゼロ年代にゲイの間で流行ったセックスドラッグです。これを鼻から吸うと肛門筋が弛緩し、アナルセックスがやりやすくなることから好んで使われるようになりました。しかしラッシュは、2006年に厚生労働省薬事・食品衛生審議会指定薬物部会において指定薬物とすることが決定。2014年から所持も禁止されることとなりました。ところが今でも、これを使いたいというゲイは後を絶たないのです。「ラッシュは危険ではない。アメリカではサブスクサービスで届く。規制は妥当ではない」というのが彼らの理屈です。2020年には千葉地裁でラッシュ裁判を起こしましたが、彼ら原告側の敗訴。取りつく島もありませんでした。本来ならラッシュ解禁を求めるのではなく、依存症の治療を進めていくための運動を推進すべきなのですが、一度経験した快楽は、なかなか脳から消し去ることができないのかもしれません。

だがこれは、リベラル政党やLGBT活動家にとっては「不都合な真実」に他なりません。近年ようやくLGBTの権利が注目されるようになってきたのに、ゲイの負の部分が国民に見えてしまうとムーブメントに水を差すことになる。だから、警察を攻撃することで、人々の目が真実に向かないようにしているのだと感じます。

かつて私も新宿3丁目の日焼けサロンで似たような出来事に遭遇したことがあります。巡回に来た警察官が非常口に積んであったゲイナイトのフライヤーの入った段ボール箱を見て「もしものときに邪魔になるといけないので場所を移動してもらえますか」と店側にお願いしたところ、身の置き所のなくなった店員がいきなり「ゲイ差別だ」と騒ぎ始めたのです。「差別」だと名指しすれば相手は強張《こわば》り怯《ひる》む。ゲイの一部に「差別」という言葉を理不尽な要求を押し通すためのキラーワードとして使っている側面があることは残念ながら否定できません。石川氏を擁護したＬＧＢＴ活動家もしかり。火消しのための「葵の御紋」として利用したと言われても仕方がないでしょう。

無論、世の中から差別がなくなったわけではありません。私も地元の国会議員に「同性愛者のあなたは秋田の代表としてふさわしくない。選挙の候補者を降りるべきだ」との旨を真顔で言われたときには一人枕を濡らしました。それゆえに差別解消に向けて尽力したい気持ちは人並み以上です。でも、だからこそ、はき違えた正義についてはＬＧＢＴ当事者自身が声を上げていかなくてはならないと思うのです。

ＬＧＢＴは幼少期から他者との違いに怯《おび》えて暮らしてきた人が少なくありません。たとえ実態としての被害はなかったとしても、本人にとっての疎外感は確かに存在するのです。そう、犯罪心理学が研究する「治安」と「体感治安」の違いのように。蓄積された被害者意識はコップに注がれた水のごとく一定の表面張力を超えると溢れ出ます。ただし、そのベクトルは自罰に向かう場合も他罰に向かう場合もあるのです。

本来のＬＧＢＴ運動は「フェアな社会」を要求するものですが、他罰感情から社会と敵対する当事者も生まれやすい。そこをどう乗り越えていけるか。これまでのLGBT運動が向き合ってこなかった部分だといえるでしょう。

LGBT活動家はゲイの薬物乱用や過剰な性交人数について、背景には社会の無理解を原因とする自尊心の低さがあると弁明してきました。一昔前ならそうした分析にもリアリティを感じられましたが、これだけネットによってゲイの多様な生活が可視化された現在では説得力に欠ける。こうした言い訳は、むしろ当事者の甘えを肯定するために機能してしまっているのではないでしょうか。

また、こんなこともありました。「8割おじさん」こと厚生労働省クラスター対策班の西浦博北海道大教授（当時）がインタビューで、新型コロナウイルス感染拡大の事例として「性的に男性同士の接触がある人も多い」と説明しました。

すると突然、過激なLGBT活動家から「同性愛差別だ」と難癖をつけられたのです。小池百合子東京都知事が「三密」を避けるよう緊急会見した2020年3月25日以降もハッテン場は営業を続けていました。エロ系のゲイ・クラブイベントも中止されることなく強引に開かれていました。西浦氏が警鐘を鳴らしたのは当然のことでした。

しかしながら「差別」という言葉にあおられた人々は反射的に西浦氏を断罪しました。結局西浦氏は、早期に事態を収拾させるために謝罪せざるを得ませんでした。この理不尽な糾弾劇を見て怒ったのは一般のゲイたちです。「西浦氏は謝る必要はない」「われわれには自浄作用がない。LGBT団体も見て見ぬふりをし、ハッテン行為を自粛しろとは言わない。西浦先生に言わせてしまって申し訳ない」と、ネットにはLGBT運動の問題点を冷静に分析するコメントが溢れました。

このエピソードからも分かるように、LGBT活動家と「普通」に暮らすLGBT当事者との感覚のズレは近頃ますます大きくなっています。韓国での例ですが、ゲイが集うクラブで感染爆発が起き、身元を明かされることを恐れた約3000人と連絡が取れないとの情報もあり、そうなる前に啓発した西浦氏の行動には意味があったと言えるでしょう（実は西浦氏に情報提供していたのは、新宿2丁目に詳しいゲイだったのです。私は本人から直接そのことを聞かされていました。西浦氏は確かな情報源をもとにアナウンスをしていたのです）。

もっと不都合な真実

一方、歌舞伎町ではさらに困惑する事件が起こっていました。アパホテルがゲイたちのハッテン場と化していたのです。新型コロナウイルス感染者の受け入れにいち早く名乗りを上げたアパホテルは、一般客の宿泊料も大幅に値下げして一泊2500円としていました。これに目をつけたのがゲイたちでした。ツイッターに投稿された写真を見ると、ホテルの入り

口は大行列。「3泊4日で計15人とやれた」「何時ごろ入る？　175‐105‐29デブです
が」「さっき露天で見せ合いした君、やらない？」といったゲイ専用ネット掲示板への書き込みを確認することができます。廊下をパンツ一丁でうろうろする人や大浴場で性行為に及ぶ人がいるとの情報も飛び交っていました。ついには異性愛者のユーチューバーが潜入取材する顛末に。ネットメディアが元谷芙美子社長にインタビューしたことで、ノンケの皆さんの知るところともなりました。当然、ゲイカップルが同じ部屋に泊まることを断れば差別です。しかし、同性愛者だからといって、共用部分での迷惑行為までもが容認されることはありません。

ところでラブホテルは、かつてはよく男性同士の客の宿泊を拒否していました。これは旅館業法違反なのですが、それにもかかわらずなぜ断っていたかというと、アナルセックスをしたあとのシーツには大便がついていることが多いからです。ゲイのウケは、性行為の前には必ずシャワ浣（シャワーのヘッドを取り外し、ホースを肛門に当てて人肌の温水で直腸を洗う行為。シャワー浣腸の略）をするのがマナーなのですが、どんなに丁寧に洗浄してもウンチが出てしまうことがあるのです。ゲイのタチも腰を振ることに夢中になっていますから、途中でやめることはしない。終わった後にベッドが汚れていることに気づき、そそくさと隠れるようにして帰るというわけです。ラブホテルの宿泊拒否は、それを掃除する従業員の負担

を考えての止むに止まれぬ判断だったのです。今回のアパホテル騒動では、異性愛者の客によるＳＮＳへの苦情の書き込みが相次いでいました。たとえ同性愛者であったとしても、社会のルールは守らなくてはいけない。それは「差別」という言葉では免罪されないのです。

一般社会からは見渡せない部分のゲイのライフスタイルに言及すると、猛烈に攻撃してくる人たちがいます。私も以前、文芸評論家の小川榮太郎氏との対談（『月刊 Hanada』２０１８年12月号）で「ゲイのセックス経験人数は平均でだいたい３ケタというのが私の実感」と指摘したところ、うそつき呼ばわりされました。もちろん当てはまらない人はいるでしょう。しかしこれは、ゲイの一生涯の累計として学術的にも妥当な数字です。東大の三浦俊彦教授は論説で、ゲイの性交渉人数は平均５００人だとする米国の心理学者の推定を紹介。サンフランシスコでのパイオニア的調査ではゲイの75パーセントが１００人以上、27パーセントが1千人以上で、レズビアンは大半が10人未満だったといいます。統計をとると男性は女性よりも性体験が豊富なことが分かっていますが、この傾向は同性愛者であっても変わりません。

ゲイは男性的性欲に従い、レズビアンは愛するパートナーとの安定した関係を持ちたがる。ゲイ男性同士は男女のカップルよりも性交合意のハードルが低いので数が増えるのは自然なのだ、と。そして三浦氏は、これは偏見でも差別でも暴言でもないと説きます。「男の性欲は、貶めたり隠したりすべきものではなく、コントロールすべきものです。生物学的デフォルトの性差を直視しない社会は、科学をないがしろにする社会」だと諭すのです。

私は小川氏との対談で、このような刹那的な生き方にふたをするための同性婚の必要性を訴えたのでした。制度があることによって人は自らを律していく。結婚制度に同性愛者を組み入れることで、ゲイは「新しい生活様式」を見いだすことができるし、国家はさらなる安定性を担保することができる。コロナ危機の国難において、保守派にとっての重要な視座だと私は思います。同性婚に反対する年配の方々にも、ぜひ一考してもらいたい命題です。

なぜ、LGBT活動家はゲイの性愛を語ることを嫌うのでしょうか。そもそも「性的指向とエロスは関係ない」とのロジックは、性欲を忌むキリスト教圏で同性愛を正当化するために作られた方便でした。

ところが、わが国のLGBT運動は、歴史的経緯の違う欧米理論をそのまま輸入してしまった。その結果、事情を知らない若い活動家は同性愛を高尚で美しい恋愛パートナーの話なのだと真に受けてしまったのです。つまりネタがベタになったというわけです。

そうした彼らの純愛信仰は、裏を返せば内なるホモフォビア（同性愛嫌悪）の表出だといえます。性欲を忌避するLGBT活動家は、本当の社会的弱者の声をすくい上げることをしません。

首都圏のウリ専（ボーイが指定された場所に赴き有料で性的サービスをするゲイ風俗のことで、

女性の利用者も少なからずいる）にはドメスティック・バイオレンス（ＤＶ）や貧困から逃げてきた若者も多くいます。地方から上京し、合宿所で暮らしている人もいる。彼らは食べていくためにコロナ禍であっても働かざるを得ないのです。

イタリアの哲学者であるジョルジョ・アガンベン氏は今から25年以上も前に「ホモ・サケル」という概念を提起した。ホモ・サケルとは「排除から排除されたもの」という意味です。つまり、包摂か排除かを選別される人たちとは別に、あらかじめ選別の土俵から締め出された人たちがいるということ。華やかな面ばかりを伝えるＬＧＢＴ報道はキラキラした強い光線を放つことでハレーションを引き起こし、真の課題を見えなくしている。ある事への敏感さが別の事への鈍感さにつながってはならないと思うのです。

私は、ゲイ作家である伏見憲明氏が経営するゲイバー「A Day In The Life」の常連客なのですが、話が盛り上がって終電を逃したときにはよく「新宿24会館」に泊まっていました。ちょうど伏見氏の店の裏手にあるのです。「新宿24会館」は略して「24」といいます。24は、いわゆるビル型のハッテンサウナで、料金は21時以降なら14時間滞在で３０００円。まず、2階の受付で靴箱の鍵を渡してロッカーの鍵と交換します。その他にバスタオルとフェイスタオル、サウナ着の入った透明のバッグを受け取り、奥のロッカールームで着替えます。3階の大浴場で体を洗ったら、少し先にある迷路のようなシャワールームを偵察。赤いランプが妖艶に光る鏡張りのシャワー室には直径10センチくらいの丸い穴が開いていて、そこから隣のシャワー室に男性器を出すこともできます。フィストファックができるように設置されたハンモックには、タオルで目隠しをして肛門だけこちらに向ける中年男性が揺れています。サウナルームやミストルームを覗き一周したら今度は4階へ。そこは暗闇の世界。5つの部屋があって、男たちが相手を物色しながら何度も何度も通路をさまよい歩いています。獲物をゲットすると二段ベッドのなかに潜り込み性行為に及びます。それをじっとりと眺める観客の男性たち。部屋のそこここから男たちの喘ぎ声が聞こえてきて興奮はさらに高まります。その頃には目が暗闇にも慣れてくるのです。24は7階まであり、屋上は日焼けサンルーフになっています。

私が24に注目するのは、いまのハッテン場はセックスの場所だけではないということが肌でわかるからです。アジアをはじめとした貧困バックパッカーの安宿になっているのはもちろんのこと、両親からの暴力で家に帰れない若者たち、行き場のない高齢者の居場所になっている。最近の私は枯れてしまっていてセックスをする気力もないので24の個室に泊まることが多いのですが、そこでこんなことがありました。私がパソコンを開いて原稿のキーボードを打っていると、部屋の外から話し声が聞こえてくるのです。トイレに行くふりをしてドアを開けてみたら、若者が缶ビールをもって廊下に座り込み、仲良くなった男性と話し込んでいました。どうやらその若い子は耳が不自由らしく、そのせいで自然と声が大きくなっていたようでした。楽しそうに会話をする彼の姿は、ひょっとしたら外の世界では見ることのできないものかもしれないと感じました。すると隣の部屋から「うるさい。他に行ってやれ」と大きな声。彼らはしぶしぶ下の階へと移動していきました。

また、こんなこともありました。24の廊下を、高齢の男性が若者に肩を借りながらよたよたと歩いてくるのです。どうしてそこまでしてハッテン場に来るのかと思いましたが、行く当てがなかったのかもしれないと考えを改めました。私が見たハッテン場は福祉の現場でもありました。歌舞伎町にはシングルマザーのための託児所つきのキャバクラがあります。本来なら国や自治体がやらなければならない福祉の役割を風俗業が担っているのです。それと同じようにハッテン場は、社会からはじき出された若者や親族のいない孤独なゲイ老人の受け皿になっている可能性がある。昔、私が通っていた若者向けのハッテン場には、何日も泊まり込んでいる目が虚ろな子がいました。行き場を失った高齢者と若者の問題に、LGBT活動家はどれだけ心を寄せているでしょうか（ただし、ここで急いで付言しなければならないのは、先ほど紹介した耳の不自由な青年も、性愛市場では決して「弱者」ではないということです。ハッテン場でそそくさと相手を見つけられる彼の性的魅力はゲイの中でも上位に位置しているからです。私のようなブサメンが手を出そうものならバシッと手の甲を叩かれるでしょう。貧困だから弱者、障害者だから弱者、歳をとっているから弱者というのは一面的な見方に過ぎません。人はある場面では弱者であっても、他の場面では強者だということがあり得るのです。権力は複雑に交差しているということをハッテン場は教えてくれます。だからLGBT活動家は、扱いに困っているのかもしれません)。

ここ数年、LGBTが社会的に認知されるようになってきたことと比例して、世間の眼差しも変わりつつあります。2017年に1907(明治40)年の法制定以来110年ぶりの刑法改正がなされ、強姦罪の名称が強制性交等罪に変わりました。「口腔性交」や「肛門性交」も含まれることになり、男性間での性行為も対象となりました。

LGBT運動は自分たちを「一級市民」として認めてほしいと訴えてきたけれども、権利が向上すれば社会の成員としての義務も生じます。それは、これまで性的マイノリティゆえに「お目こぼし」されてきたゲイ・カルチャーが「法の外」として通用しなくなることを意味します。

たとえば衆人環視の中で男女が偶然を装って性的な行為に及ぶハプニングバーは、しばしば「公然わいせつほう助」として摘発されていますが、ほぼ同じ理由でハッテン場の経営者が捕まるケースも出てきています。

ジェンダー・イクオリティの観点からいつかはこうなると分かっていたとはいえ、戸惑いを隠しきれないゲイは多い。現在風営法は異性間の性風俗店しか登録できないため、店側としてもルールの作りようがないのです。

あるハッテン場は店内にバーカウンターを設け、パンツだけははくようにと客に指示を出す努力はしていますが、一歩奥に入れば大部屋での乱交は平常通り。あるクラブイベントは壁際でオーラルセックスをしている客をスタッフが注意して回っているものの、どこまでが合法なのか判断がつかない状態です。国会による不作為が、関係者たちを法の狭間で困惑させているのです。

性的マイノリティを表明する国会議員がやるべきことはLGBT活動家と一緒になって聞こえのよいスローガンをお題目として叫ぶことではないはずです。不人気になることを覚悟のうえで現行制度とどう折り合いをつけていくかを考えるべきです。なぜなら、社会のチューニング（微調整）こそが国政の役割だからです。

献血禁止規定の問題もその一つでしょう。新型コロナウイルスによる外出自粛などの影響で血液不足が深刻化していますが、日本赤十字社のガイドラインでは過去6カ月以内に男性同士の性的接触があると献血できないことをご存じでしょうか。ゲイやバイセクシュアル男性はＨＩＶ感染の高リスクグループだというのが理由です。

ただ、現在の検査技術は2カ月が経過していればＨＩＶ抗体の検出を可能としており、このたび米国は禁止期間を12カ月から3カ月に緩和しました。未曾有の危機に自らも国を救うために貢献したいと考えるゲイやバイセクシュアル男性は大勢います。性的マイノリティ議員には、ぜひこうした立法にこそ力を入れてほしいと願うのです。

2-2 同性婚についての考察

■解釈改憲での同性婚は弥縫《びほう》策にすぎない

２０１９年2月14日、国が同性婚を認めないのは違憲だとして札幌、東京、名古屋、大阪で一斉提訴が行われました。同年９月には福岡でも訴訟がなされ、全国５つ（現在は４つ）の地裁で裁判が進行しています（２０２１年に出された札幌地裁判決については後述）。婚姻の自由を保障する憲法24条や法の下の平等を保障する憲法14条に違反していると主張する原告に対し、国側は同性カップルの結婚を想定していない日本国憲法の実情を訴えている構図です。

原告団には長年にわたり同棲生活を送ってきたＬＧＢＴ活動家のカップルの姿もあり、一日も早く法的に認められたいという焦りが窺われます。その気持ちは私にも痛いほどよくわかる。中にはがんと闘いながら裁判に加わった方もおられ、心中は察するに余りあります。

ただ、わが国における同性婚の在り方を誠実に考えるならば、感情に流されることなく、ちゃんと憲法と向き合う必要がある。国民に開かれた形でコンセンサスを得ていかなければ、本当の幸せにはつながらないと思うのです。

そう考える人が、原告団の中にもいました。中心メンバーとして度々メディアに出演していた男性同性愛者のカップルです。彼らは「同性婚に反対する人たちにも何とか理解してもらえるような運動をしたい」との旨を弁護団に告げました。ところが「そんな人たちに認めてもらう必要はない」と却下されたのだそうです。その事を思い悩んだ彼らは、結局この裁判を降りる決断をしました。結婚は自分たちだけで自己完結できるものではありません。社会と対立するのではなく、社会との関係性をどう築いていくかが大事なのだと気づき始めた同性愛者は少なくないのです。

実はこの法廷闘争、あまりうまくいっているようには見えません。東京地裁の田中寛明裁判長は本人尋問について、「夾雑物（余計なもの）」であると発言。当事者が心情を吐露することで世論を味方につけ、裁判官にプレッシャーをかけていく戦略は、裏目に出てしまいました。SNSでは「お気持ち至上主義」という言葉が流通しています。理路が通らない話であっても、お気持ちを共有する人々がどこからともなくイナゴのように大量発生し、無理をねじ込んでいく様のことを言います。裁判長はそうなることを嫌ったのだと私は推測します。

ここで、私の立場を明らかにしておきたいと思います。私は同性婚には賛成です。ただし、立憲民主党や一部の憲法学者が主張しているような解釈改憲での導入には反対です。真の立憲主義の観点から正々堂々と憲法を改正し、日本社会に住む私たち自らが同性婚を選択したのだという「国民の記憶」を残すことが大切だと考えるからです。憲法とは国民から国家への命令、法律とは国家から国民への命令です。国家は国民から命じられた憲法の枠内で法律を作り、国民はそれを順守するという循環構造になっています。いわば国家の鋳型が憲法には書き込まれているといえるでしょう。だがアメリカ主導で作られた日本国憲法には、国民の憲法意思が反映されているとは言い難い。保守の社会学者、小室直樹氏によると当時の日本には近代憲法を作る力がなかったからなのですが、そうだとしたらなおさら憲法改正による同性婚は、我々がどんな国のかたちを望んでいるのかを再帰的に考えるきっかけになるのではないでしょうか。国民投票をすることになれば、1、2年かけてファシリテーターが全国各地を回り、ワークショップが開かれる。改憲という作業を通して、わが国の輪郭をはっきり意識できるようになります。憲法が国民の一般意思の覚書であるならば、「改憲によって我々は同性婚のできる社会を選び取ったのだ」という記憶を条文に書き記すべきです。それを参照することで、物忘れの激しい私たちであっても、あの時どんな議論をしたのか、どんな気持ちだったのかを直ちに思い出すことができる。同性婚が司法の手で導入されるのと

（受動的）、国民全体が祝福して導入するのとでは（能動的）、その意味合いはまったく違ってくるのです。

私たち世代のゲイは、これまで誤魔化しの人生を生きてきました。「彼女は？」と聞かれると頭の中で彼氏を彼女に変換しながら答える自分に、自己嫌悪を感じてきました。そんな偽りの毎日は嫌だとの思いが、ＬＧＢＴ運動の大きなエンジンになっていたことは間違いないでしょう。それなのに解釈改憲で「裏口入学」をしてしまえば、私たちはまた後ろめたい暮らしを始めなければならなくなる。

自衛隊は、創設から半世紀以上たっても「違憲だ！」との誹《そし》りを拭うことができません。政府が合憲だといくら説明しても国民は腹にストンと落ちないのです。そのことで自衛隊員の家族の皆さんは大変つらい思いをしている。同性婚もそれと同じようになってしまうのではないか。国民的議論もないまま認めても、同性婚カップルは白か黒かわからないグレーな存在としていつまでも色眼鏡で見られてしまう。「あそこの『夫夫』『婦婦』は違憲カップルだ」「憲法違反家族だ」と後ろ指をさされる状態は容易に想像できます。これまでＬＧＢＴ運動は「フェアな社会」の実現を求めてきました。であるならば、同性婚導入のプロセスにおいても最後までフェアネスでありたい。

左派の憲法学者が唱える解釈改憲での同性婚は、私には憲法９条改憲への扉を開かせないための弥縫策に思えてなりません。本当に同性愛者のことを考えて導き出された解だとはどうしても信じられないのです。憲法学の泰斗、故・奥平康弘氏は「九条の会」に所属し、政治活動にも積極的に参加された方でした。こうした振る舞いは憲法学者の役割を逸脱するものでしたが、奥平氏はそのことに自覚的でした。「憲法解釈論」と「運動論」は別物として考えなければならないと自己拘束していたのです。解釈改憲での同性婚論を振り回す最近の若い憲法学者に、果たして奥平氏のような意識はあるでしょうか。

この同性婚訴訟の弁護団もそうですが、現行憲法でも同性婚は認められていると訴える左派のロジックはこうです。日本国憲法24条1項には「婚姻は、両性の合意のみに基づいて成立し、夫婦が同等の権利を有することを基本として、相互の協力により、維持されなければならない」とある。これは、本人の自己決定が尊重されず家同士の合意がなければ婚姻できなかった戦前の風潮を変えるためにGHQのベアテ・シロタ・ゴードン氏が中心となって作ったものであり、女性が低い地位に置かれていたことへの反省が条文の主題なのだ。同性婚について何かを言っているわけではない。よって「両性の合意」を「両者の合意」と読み替えることに何ら問題はない、と。

これを聞いて、皆さんはどう感じるでしょうか。安保関連法を解釈改憲だとあれほど非難してきたリベラル勢が、解釈改憲での同性婚については目を瞑《つむ》るというのはあまりにもダブルスタンダードが過ぎるのではないでしょうか。例えばメディアによく登場する憲法学者の木村草太氏は、第13条の「幸福追求権」、第14条1項の「性別に基づく差別の禁止」などとの合わせ技で同性婚は可能だといいます。しかし、安保関連法も政府は憲法13条との抱き合わせで提案し、「これは国民の幸福追求権だ」と説明していたわけです。木村氏はまさにそれを難詰していたのではなかったでしょうか。安倍政権の解釈改憲は悪い解釈改憲、リベラル陣営の解釈改憲は良い解釈改憲だという詭弁はさすがに通用しません。

批評家の東浩紀氏は自身が主催するトーク番組で木村氏を批判し、「これは9条の解釈改憲の第2弾のようなもの。これをやっていたらすべての条文が言葉レベルで組み替えられていく。本当なら同性婚を支持する人たちは改憲運動をしなければならないのにまったく伝わらない」「日本社会では書かれていることと実態が違うことに疑問を持ってはいけなくて、適当に折り合わせるのが技術・知性だと思われている。これは改革の意思も削ぐし、原理的に物を考えることを抑圧していく」と憤りを隠しません（ゲンロンカフェ　小林よしのり×三浦瑠麗×東浩紀「ニッポンの保守 ―― 2020年桜の陣」）。確かにテクノクラートが理論をこねくり回せば、形の上では現行憲法のもとでも同性婚制度を施行できるのかもしれない。しかし、エリートたちが国民の与り知らないところで憲法を操作したという負の感情は永遠に残り続けるでしょう。それはガバナンスの正統性にも疑義を生じさせ、憲法システムそのものが危機に瀕するという東氏の指摘は、的を射ていると思います。

■フランスの場合

リベラル派は「現行憲法の下では同性カップルに婚姻の成立を認めることは想定されていない」との政府答弁について、「想定されていないということは禁止もされていないということだ」と胸を張るのですが、これもいささか無理のある主張のように感じます。

フランスでも過去に同じようなケースがありました。フランス国民法には結婚の定義が書かれておらず、フランスのＬＧＢＴ活動家たちは「結婚は男女の結合だと法的に確定されていない」との論陣を張りました。けれど真実はそうではありませんでした。１７９２年、立法議会でルキニオ議員は「結婚は生活を共にしようとする性の異なる二人の人間を結ぶ民事契約である」との結婚の定義を提案しました。すると議場は大爆笑。そしてこの議案は静かに取り下げられたのだそうです。つまり、その時代には結婚が「一人の男性と一人の女性の結合」であることは自明だったので、それを明記すれば立法者が笑いものになると考えたのだろうと、社会学者のイレーヌ・テリー氏は言います（『フランスの同性婚と親子関係』）。おそらく日本国憲法も同様だと考えるのが自然でしょう。現に憲法24条の原案を作ったベアテ・シロタ・ゴードン氏は生前のインタビューのなかで、同性愛者の存在など当時は知らなかったという趣旨のことを語っているのです。

その後、フランスでは1985年に憲法が改正され性的指向による差別の禁止が盛り込まれることになりました。1999年にはパートナーシップ制度「パックス（連帯市民契約）」ができ、同性カップルにも異性カップルにも結婚に準じた諸権利が認められるように。そして2013年、「みんなのための結婚法」が制定され、同性カップルにも結婚への道が開けたと同時に、養子縁組もできるようになりました。ここでのポイントは、同性愛者のみを特別扱いした法律にしなかったということです。すべての市民に平等の権利が認められなければならないというのがフランス共和国のテーゼ。フランス市民である以上いかなる理由であっても差別することは許されないが，同時にある人種やグループなどを特化することも認められないという普遍主義原則が建国の理念だからです。「みんなのための結婚法」という法律名はそれを表しています。「現行法においても昔から同性婚は認められているのだ」という無理筋の立論にこだわり続けるのではなく、右も左も巻き込んだ大論争を起こし、最後にはフランスのナショナリズムに合致する形をとることでうまく議論を着地させたのでした。

アメリカの場合

なぜ解釈改憲ではダメなのか。今度はアメリカの事例を見てみましょう。2020年のアメリカ大統領選挙は、共和党のドナルド・トランプ候補と民主党のジョー・バイデン候補との戦いでした。劣勢だと伝えられていたトランプ氏でしたが、終わってみれば7422万票を獲得。負けたとはいえ、国民からの根強い支持があることが可視化されました。そのトランプ氏は、選挙が行われる約1カ月前に、保守派が支持するエイミー・コーニー・バレット判事を連邦最高裁判事に指名しています。がんで亡くなったリベラル派のルース・ベイダー・ギンズバーグ判事の後任人事でした。最高裁判事の定数は9人。これで保守派対リベラル派の構成は6対3となり、圧倒的に保守に傾くことになりました。

2015年、アメリカ連邦最高裁判所は今の連邦憲法においても同性婚は合憲だとする憲法解釈を出しました。この時のメンバーは保守派5人に対しリベラル派4人。保守派のケネディ判事が賛成に回ったことでぎりぎり認められたのです。その事をよく思っていなかったのがキリスト教福音派を支持層とするトランプ大統領です。かつてトランプ氏は同性婚合憲判決を覆すための判事指名を「真剣に検討する」と述べていました。バレット判事を連邦最高裁に送り込んだことで、それを現実化した形となりました。自分の権力基盤を盤石なものにするためにありとあらゆることをするのが、トランプ氏がトランプ氏たる所以です。もし選挙に勝っていたら、自分と敵対したLGBTへの報復として、司法へさらに圧力をかけていったかもしれません。バレット判事はトランプ氏のマリオネットではありませんので、今後どのような行動をとるかは未知数です。ただ、憲法改正によらない同性婚がいかに不安定なものかがよくわかるエピソードではないでしょうか。保守派のトーマス判事とサミュエル・アリトー判事は「同性婚の権利は憲法の条文のどこにも書かれていない」と、同性婚判決を覆す法的根拠について言及しています。オリジナリスト（原典主義者）、テキスチャリスト（始原主義者）と呼ばれるバレット判事も「判事は法律を適用する人であって法律を作る人ではない」という観点から解釈改憲全般に反対しています。時の為政者によって同性愛者の身分が左右されないためにも、改憲は必要なのです。

日本維新の会が、よく似たロジックで教育の無償化について議論を展開しています。教育の無償化は、確かに憲法の規定がなくても法律の制定と予算措置によって対応することは可能です。しかしながら、時の政権の考え方次第で後退する場合もある。高校の授業料無償化は、自民党に政権交代したことで所得制限がついてしまいました。憲法改正によらず法律のみで対処しようとすることには限界があるのです。だから教育に対する国民の明確な意思を憲法に記載しなければならないという主張です。

憲法26条は、普通教育を受けさせる義務とその無償を定めていますが、終戦直後の政府草案では無償化の対象は初等教育だけでした。国家財政が厳しかったことがその理由です。しかし、国会審議において異論が出され、無償化の範囲を義務教育全体に拡張することが提案されます。わが国の人材育成や復興は、教育に力を注いでこそ成し遂げられるのだとの先人の思いが国を動かし、初等教育のみならず中等教育にも適用されることが決まったのです。憲法26条に書かれている「普通教育」の政府解釈は「全国民に共通の一般的、基礎的な教育」となっていて、それが何を指すのか具体的に表現されていません。再び国家が窮乏した際、さまざまな解釈が紛れ込んで教育行政に影響を与えないとは限らない。だから憲法に記しておく必要があるのです。同性婚もこれと同じ論理。パートナーとしてのより強い地位を安定的に保つためには、憲法改正が必要なのです（『中央公論』2017年5月号）。

私の同性婚改憲論について左派は「あれは保守政治家である松浦が極端なことを言っているだけだ」と議論を矮小化しようとします。ですがこれは私だけが主張していることではありません。2020年12月7日、国民民主党は国政政党として初めて改憲による同性婚の考えを公表しました。これは現時点での党内議論を集約し、「憲法改正に向けた論点整理」として発表したもの。「婚姻は、両性の合意のみに基いて成立し、夫婦が同等の権利を有することを基本」とした24条1項について、「両性」と「夫婦」をいずれも「両者」に改定する案を示したのです。憲法学者が意味を専有する憲法はやはりおかしい、誰が読んでもわかる「国民の憲法」を我々の手に取り戻そうというプロジェクトに、私も胸が高鳴りました。

立憲民主党や共産党、一部の憲法学者は、なぜ頑なに憲法解釈を独占しようとするのでしょうか。それには戦争体験が暗い影を落としています。先の大戦で国家権力に憲法学者が抑圧された経験は「悔恨共同体」を形成し、二度と彼らには憲法解釈の主導権を握らせないという「抵抗の憲法学」が戦後の主流となっていきました。解釈を決めるのは国民や国会議員ではなく「法律家共同体のコンセンサス」だというのです（篠田英朗『ほんとうの憲法──戦後日本憲法学批判』）。そうした歴史的教訓は分からなくもないですが、国民をあまりにも信用していないといわざるを得ない。よく立憲民主党の議員が「もし国民投票をやって同性婚が否決されたらどうするのか」と問いかけるのも同じ種類のパターナリズムです。戦後75年が過ぎました。少しばかり足に擦り傷を負ったとしても自分の力で歩く訓練を始めなければ、日本はいつまでたっても自立することはできません。

2-2 アメリカの保守派は同性婚についてどう考えているか

■動物婚、多重婚等との線引きの難しさ

ところで、アメリカの保守派はなぜ同性婚に反対をしているのでしょうか。テキサスで田舎暮らしをしているオヤジたちが、感情にまかせて無茶苦茶な理屈を押しつけているだけなのでしょうか。答えは否です。そうではないから、これだけの大問題になっているのです。

保守には保守の理論があるのです。

財務省を経てハーバード大学で学び、日米両国の弁護士資格を持つ山口真由氏は、連邦最高裁での同性婚訴訟を分析し、大きく三つの理由があるとまとめています（『リベラルという病』）。

① 結婚を生殖から切り離してしまうともはや歯止めが利かない。

② 「政府からの自由」は広く認められるべきだが、「政府による自由」を認めるのは慎重であるべき。そして同性婚は「政府による自由」に分類される。

③ いかに結論として正しく見えても、裁判官の正義ではなくて法律に基づいて結論を出すのが、我々の役目である。

まず①についてですが、これは同性婚訴訟で反対を表明したロバーツ長官の意見です。ロバーツ氏は、もともと結婚とは生殖にひもづいたものだったと説明します。《生物的な観点からは、男女二人、それだけが子どもを作ることができる組み合わせである。同性婚を認めることで結婚と生殖の結びつきを切ってしまえば、多重婚（一人が複数人と結婚する形式）を止める理由もなくなってしまう。極端な話、愛するペットとだって、アニメのキャラクターとだって、「純粋な愛」さえあれば結婚できることになりかねない》というのです。

このロバーツ長官の発言を聞いた多くのリベラリストは、腹を抱えて笑い転げました。日本でも「ウケる！　そんなバカなことがあるわけない」とLGBT活動家たちは全面否定しました。だが現実を知らないのは彼らのほうでした。

たとえば動物との結婚については、2019年の開高健ノンフィクション賞に輝いた『聖なるズー』に詳しく載っています。本書では、文化人類学の立場から研究している著者の濱野ちひろ氏がドイツに暮らす動物性愛者たちを紹介していきます。彼らは動物を愛し、動物とときにセックスをする。自らを「ズー」と称し、愛する特定の動物を「パートナー」と呼んでいます。大型犬を「僕の妻だよ」と紹介する男性。7匹のねずみと「群れ」となって生活する男性。馬に恋する男性。車椅子生活のなかで犬をパートナーとして迎え入れ、ズーになっていった女性……。濱野氏はインタビューで「動物性愛は、医学的には精神疾患として分類されていますが、最近ではLGBTのような『性的指向』の一つだとする性科学者の意見もあります」と話しています。これは同性愛者がたどってきた歴史を彷彿とさせます。WHOが同性愛者を精神疾患の分類から外したのは1970年のこと。性同一性障害を外すのは2022年からです。そう考えると、誰にも迷惑をかけない「純粋な愛」であるズーフィリアも、いずれ精神疾患から分離される日が来てもおかしくありません。

「そんなことをいったって、動物とのセックスに同意は取れないじゃないか。これは動物虐待だ」と反論する人がいます。しかし、ズーたちは「違う。犬が誘ってくるんだよ。犬が求めてくるんだ」と静かに語りかけます。動物第一主義の彼らは、決して嫌がる動物に無理やりセックスをすることはしない。動物が誘ってきたときだけ性行為に及ぶのだといいます。彼らは愚直にパートナーを愛しているのです。また濱野氏は「ファーリー」についても言及しています。ファーリーとは、動物を愛し、自分も動物になる人たちのことです。２００８年にアメリカの社会心理学者キャスリーン・ゲルバジ氏たちがファーリーの量的調査を行い、彼らは「種同一性障害」と言えるのではないかと論文を発表しています。濱野氏が知っているズーの30代以下の世代は、ほぼファーリーとのこと。「性同一性障害が人権問題であるなら、種同一性障害が人権問題ではないという理由はない」と迫られたら、多くの人は答えに窮するのではないでしょうか。

さて次に、リベラル派がバカにしていた多重婚の可能性についてはどうでしょうか。哲学者の萱野稔人《としひと》氏は、アメリカでは同性婚合憲化以降、重婚も認めてほしいとの要求が出てきたことを報告しています（『リベラリズムの終わり　―　その限界と未来』）。アメリカにはモルモン原理主義者を中心に一夫多妻生活を実践している人たちが約３万～４万人おり、その中から真剣に結婚の自由を訴える世代が登場し始めているのです。萱野氏は「他人に危害が及ばない限り社会は各人の自由に干渉してはならない」というリベラリズムの原理を突き詰めれば、同性婚だけ認めて本人の自由意志のもとでなされる一夫多妻婚や一妻多夫婚、近親婚を容認しないことはできないと断言します。リベラル派の人たちがこれらから目を背けるのは、思考の不徹底以外の何ものでもないというのです（近親婚に反対する理由として先天異常の子どもが生まれるリスクを挙げる人がいますが、それを言うなら高齢出産も禁止しなければならなくなり、制度設計の辻褄が合わなくなります）。

そのうえで萱野氏は「リベラリズムの限界に自覚的たれ」と訴えます。われわれはどうして、一夫多妻婚や近親婚に嫌悪感を抱くのか。なぜそれらにリベラリズムの原理を適用しようとしないのか。それはリベラリズムの原理より先に、リベラリズムの有効範囲を画するような、より根源的な規範意識があるからだ、と。そして「より根源的な秩序原理とリベラリズムとのすり合わせこそが重要」だと述べるのです。リベラリズムとは、内と外との間に線を引き、内側の人間に資源を再配分していく思想。しかし、その境界線のひき方は常に恣意的／政治的にならざるを得ない。なぜなら人は生まれながらにして自己選択できない「感情の超えられない壁」をインストールされているからです（そのことに気づいた哲学者のジョン・ロールズ氏は、1993年に普遍的リベラリズムから政治的リベラリズムへと転向しました）。同性婚を線の内側に入れるとしても、必ずその外側で泣いている人たちがいる。動物婚や多重婚、二次元キャラとの結婚をなぜラインの内側に入れなかったのかという自覚を我々は持つ必要がある。それは最低限の倫理だと思います。ロバーツ長官の懸念を嗤《わら》ったLGBT活動家は、果たしてこうした痛みを抱きしめているでしょうか。

次に②について見ていきましょう。これは、同じく同性婚に反対したトーマス判事の意見です。多くの基本的人権が「政府からの自由」だったのに対して、同性婚は「政府による自由」だ。「政府からの自由」は広く認められるべきだが、「政府による自由」を過渡に容認すべきではないという指摘です。山口氏は以下の例を挙げて解説します。

《たとえば、家の中で性行為をしていて逮捕されたゲイカップルを救うならば、それは家の中まで押しかけてくる横暴な警察官から国民を守ること。つまり「政府からの自由」になる。それに対して、同性婚というのは役所に結婚証明書を出してもらい、配偶者控除を受けるという「政府による自由」とも言える》

「政府からの自由」というのは、アメリカの国の成り立ちとも深く関係する考え方です。アメリカは憲法修正第2条により市民の武器携帯の権利を規定しています。50の州はもともと独立した存在であり、もし連邦政府が市民の生命、自由、財産を侵害してきたら、民兵を組織し、武器を手に取っていつでも戦うぞという理念がある。だからこれだけ銃による被害者が出てもなかなか規制が進まない。銃を持つことがアメリカ人の精神的アイデンティティであり、銃を持たなくなったらもはやアメリカではないというわけです。アメリカ人が「政府からの自由」を尊び、「政府による自由」をよく思わない背景にはこうした事情があるのです。

最後に③について。スカリア判事とトーマス判事は、同性婚賛成派が法律論ではなく、感情論で判決を押し通したと批判します。ケネディ判事が書いた賛成意見は「人間としての尊厳」を強調するばかりで、法律の話をほとんどしていないというのです。その上で「どれほどの頭脳エリートであろうと、我々は神ではない。自分の独善を押しつけるというのは傲慢で、民主主義においては許されないことだ」と何度も繰り返したそうです。ロバーツ長官は「この判決によっても同性婚は真に社会に受容されたとは言えない。いや、むしろこの判決は同性婚が真に社会に受け入れられる機会を奪ってしまった」と嘆きました。私が憲法改正による同性婚にこだわる理由もここにあります。すべての情報をオープンにし、国民全体で話し合うから理解が広がっていく。その道程をスキップしてはならない。私たちのゴールは同性婚ではなく、同性婚を祝福できる社会なのですから。

世界には同性婚の是非を直接民主主義に委ねる国がたくさんあることをジャーナリストの今井一《はじめ》氏が指摘しています（『国民投票の総て』）。クロアチア、オーストラリア、アイルランドなどがそうです。同性婚は、社会のパラダイムシフトを伴う。ゆえに一部の司法エリートが決めたとなると、感情的反発も少なくない。だから「みんなで決めた」との手続きが重要となるのです。これはリスクヘッジのための知恵でもあります。

■LGBTは弱者なのかという問題提起

最近ツイッターでは「多様性を認めろといっているLGBT活動家自身が多様な意見を認めていないではないか」との声が目につくようになりました。同性婚についてもこんな出来事がありました。

2018年7月、ツイッターのアカウント名「太悟」さんが、2017年に自身が行った同性結婚式の動画を添付して、次のような言葉をアップしました。

《同性愛者を差別する法もなく、同性愛ドラマが大人気で、オネエタレントの好感度が高く、性転換手術には保険もきくし、同性愛者お断り！という張り紙を見ることもないし、同性挙式をしようとしたら、どこの会場も喜んで提供してくれて沢山の参列者が来てくれた。そんな僕の住んでる国は、日本です》

すると、この投稿は瞬く間に30万いいねを達成。動画再生回数は500万に至り、大変な話題を呼びました。杉田水脈氏へのバッシングがエスカレートしていく中で書き込まれたこの文章は、もちろんアイロニーだったわけです。弱者としてのLGBTを権力者としての国会議員が屠《ほふ》るという二項対立図式に単純化することで見えなくなるものがある。権力はあらゆる場所に遍在しているのであり（フーコー！）、社会はもっと複雑だ。そもそもLGBT

は弱者なのか、との問題提起だと私には感じられました。しかし、それを言外に読み取ることのできない人たちが、一斉に太悟さんを攻撃し始めたのです。

罵声や内容を曲解したコメントは後を絶ちませんでした。太悟さんは、悪質なブログに関しては削除するよう直接連絡したそうなのですが、「記事の内容が本当の事かどうかは関係ない。私個人の主張は自由だ！」「この動画によってフォロワーが沢山増えて利益を貰ったのだから批判は甘んじて受けるべき」と心ない返事が返ってきたといいます（ちなみに、太悟さんはツイッタービジネスをしているわけではないので、一円も利益がないことは言うまでもありません）。「ネットの誹謗中傷でガタガタ言うな。私は現実世界でもっと辛いことがある。アナタは幸せなんだからちょっとくらい叩かれても別にいーじゃん」「太悟は同性愛者なのに自民党支持なのはおかしい。ネトウヨは叩いていい」と言ってくる人もいたとか。こうした暴言は、ほぼすべてセクシュアルマイノリティの方からだったと太悟さんは証言します。自分が可哀想な存在だと主張するためには、そうではない当事者にいてもらっては困る。可哀想じゃない当事者は敵認定されてしまうことに恐怖を感じたそうです。業を煮やした太悟さんは、とうとうこのツイートを消してしまいました。

太悟さんは41歳の男性。福岡県で働いていましたが2年前からは仕事の関係で東京に住んでいます。太悟さんは生得的なゲイではなく、最初はノンケでした。20代前半までは女性としか付き合ったことがなかったそうです（太悟さんのように人生の途中でゲイに移行する方も少なくないのです）。

10歳年下であるパートナーのタイガさんとの出会いは、いまから12年前。知り合いのゲイバーのスタッフがママとして新しく店をオープンするというので、太悟さんはお祝いに駆けつけました。扉を開けたら「いらっしゃいませ！」と、元気な店子《みせこ》の声。それが当時19歳のタイガさんでした。真っ黒に日焼けした肌で、タンクトップがよく似合っていた彼に、太悟さんは一目ぼれしました。幼稚園生のようなこぼれんばかりの屈託ない笑顔。カラオケの音に合わせてノリノリで踊るタイガさんから目が離せなくなった太悟さんは、その日からほぼ毎日、店に通うようになったのです。

太悟さん(右)とタイガさん(左)

オープン直後にお店に行き、他のお客さんが来るまでのほんの数十分、タイガさんを口説き続けました。それでもなかなかデートに応じてくれないタイガさん。すると、ある日、チャンスが巡ってきたのです。太悟さんがうどん屋で朝飯を食べていたとき、なんとそこにタイガさんがやってきたのです。二人は一緒に朝ご飯を食べました。とても楽しい時間は、あっという間に過ぎていきました。別れ難く思っていると、タイガさんから「甘いもの食べたくないですか」とまさかの誘い。すぐ近くのアイスクリーム屋に行くことになりました。出来たばかりのそのお店は大行列となっていました。店員さんが持ってきてくれたメニューを覗き込みながら並んでいたとき、二人の顔は10センチにまで近づいていました。そして、目の合った二人は、何も言わずそのままキスをしました。列に並んでいた男性同士の突然のキスに、周りの人は驚いたかもしれない。でもそれは、彼らにとってはとても自然で、とても幸せな瞬間でした。そのあと彼らはタクシーで太悟さんの部屋へ。念願が叶って、結ばれることになったのです。

……と、ここで終わればただの恋バナになってしまうのですが、この後、まだ元彼と別れていなかった太悟さんが修羅場になったり、タイガさんが暮らしていたゲイバーの寮が火事になり、泣いているタイガさんを太悟さんが自分の家に住まわせたりと、波乱万丈の展開が待っていたのでした。でもそうした唯一無二の経験が、いつしか彼らの強い絆を築いていったのです。

同性結婚式は、ヒルトン福岡シーホークで行われ、その模様はテレビでも放送されました。真っ白なタキシードに身を包んだ二人は、こう誓いの言葉を述べました。

太悟　私たちは出席された方々を証人として、

タイガ　夫夫の約束を交わします。
太悟　これからも、
タイガ　恋人であり、
太悟　友人であり、
タイガ　兄弟であり、
太悟&タイガ　家族であり続けることをここに誓約します。

会場からは割れんばかりの温かい拍手。そして二人は、指輪の代わりにボウタイを交換しました。友人や同僚の目には涙があふれていました。小さい頃、親が離婚を繰り返し、家族を実感することがなかったタイガさん。そんなタイガさんのすべてをがっちりと受け止めた太悟さんもまた、アルコール依存症だった父と兄を若くして病気で亡くしていたのです。「家族であり続けること」との誓いの言葉は、いつまでも参列者みんなの心に響き渡っていたことでしょう。

私たちはなぜ同性婚を求めるのでしょうか。遺産相続ができないから？　遺族年金がもらえないから？　賃貸住宅を借りにくいから？　犯罪被害者遺族給付金がもらえないから？　たしかにそれらに問題がないとは言いませんが、私は結婚の本質とは別の話だと思います。

かけがえのない日常を守りたい気持ち。何気ない日々の暮らしそのものが奇跡なのだという感覚。ガラス細工のように壊れやすいからこそ、大事に育てていかなければならない関係性。その延長線上にあるのが結婚ではないでしょうか。そしてそれは制度ができたからと言って手に入るものではありません。

太悟さんは言います。

《今ビビって恋人の親に挨拶の一つも出来ない人が同性婚認められたら挨拶できるとは思えない。同性愛に否定的な親は同性婚認められても急に「ゲイ大好き」とかならねぇよ。家族になりたい位好きなら「社会は関係ない。俺が命かけて幸せにします！」と恋人の親の前で言え！　何が社会が悪いだ笑わせんな》

ＬＧＢＴ活動家は自分たちを被害者の側に固定化し、「社会が悪い」「制度が悪い」と拳を上げてきました。けれど同性婚が法制化されれば家族や周りの人たちが同性同士の結婚を認めるようになるかというと、そんな簡単な問題じゃない。制度が幸せをもたらすわけではないからです。「同性婚制度がないので相方の葬式に出席させてもらえなかった」「同性婚制度がないのでＩＣＵに入れてもらえなかった」という声がよく聞かれます。しかし、そうなる前にどうして家族とコミュニケーションをとってこなかったのかという問題については、いつも不問に付されるのです。公助は大事。だけど、では自助が必要ないのかと言われればそうではない。地道に二人が努力する姿を見てもらうことで、完全に理解はされないまでも飲み込んでもらえるケースはあるかもしれない。それは男女であっても同じではないでしょうか。

太悟さんはこんなエピソードも語っています。太悟さんの同性結婚式を知った一部のLGBT活動家数名から連絡があり、「応援してる！　辛かったよね？　差別された経験を顔出しして打ち明けて」といわれたのだそうです。しかし太悟さんは「差別受けてないし幸せです」と回答。すると彼らは手のひらを返し、「自分だけ幸せなら良いのか！　差別主義者！」と攻撃してきたのだそうです。

国会議員やLGBT活動家は政治的動員のためにLGBTの怒りを利用します。政治とはそういうもので、それをやめさせることは難しい。でも私たちは、アジテーションに惑わされないために鳥瞰的視点で物事を見る訓練をすることはできます。「ひょっとしたら、私たちの怒りは搾取されているのではないか」とワンクッションおいて考える癖をつけたいものです。

■同性パートナーシップ制度の可能性

ところで、なぜ日本のメディアは「同性婚」についてしいか報道しないのでしょうか。こういう聞き方をすると、驚かれる人がいるかもしれません。世界には同性婚以外にも同性愛カップルの権利保障を認める方法がいろいろあるにもかかわらず、それらは不自然なほどに伏せられているのです。

「メディアが何を伝えているか」ではなく「メディアが何を伝えていないか」に注目することがメディアリテラシー教育の要諦です。メディアリテラシーの授業では、生徒に模擬テレビ番組を作らせ、カメラのフレームの外側には映っていない現実があることを体感させます。メディアがそれを映さなければ、視聴者はその問題の存在にすら気づかない。つまり、問題そのものがこの世に存在しないことになるのです。

おそらく日本のメディアは、他にも選択肢があることを国民に知らせたくないのではないか。同性婚推進に注がれるべき政治的パワーが分散することを恐れているのかもしれません。でもそれは特定の価値観の押しつけに他ならず、中立公正を旨とするメディアの矩《のり》を踰《こ》えていると思います。すべての情報をテーブルの上に並べて、何が一番いい方法なのかを侃々諤々《かんかんがくがく》議論すればいいと思うのです。

最初に、同性パートナーシップ制度について考えてみましょう。同性パートナーシップ制度とは、結婚に準じた諸権利を認める法律のことです。フランスのPACS（パックス）が有名ですね。これは民事連帯契約とも呼ばれますが、同性・異性を問わず、共同生活を営もうとするカップルを対象とするものです。契約の内容・方式についての詳細は法定されていないため、法律の範囲内において、PACSを締結する当事者間で自分たちの権利義務について自由に決定することができます。そして登録手続きが完了した日から第3者に対しても効力を持つようになるといいます。これにより、結婚と同等な税制優遇や社会保障を受けられるようになるのです。

日本の同性愛者の中には、同性婚よりも同性パートナーシップ制度を望む声のほうが多いのではないかと私は感じています。男女の関係でもいまや3組に1組が離婚。別れるリスクを考えたら、より簡易な手続きで済む同性パートナーシップ制度のほうを選びたいと考える気持ちはよくわかります。東京ディズニー・シーで華々しく同性結婚式を挙げたレズビアンカップルも、参議院選挙の約1か月前に同性結婚式を挙げたレズビアンの国会議員も、いまではパートナーとの関係を解消しているのですから（同性婚推進の旗を振ってきたLGBT活動家カップルがたくさん離別しているという事実をメディアはほとんど伝えていません）。長年付き合っているゲイカップルが預金通帳や財布だけは別にしているというのも、こうしたことを見越してのことかもしれません。

わが国では生涯未婚率も高く、2019年の国勢調査では50歳男性の23・4パーセント、50歳女性の14・1パーセントが一度も結婚していません。男性の4人に1人、女性の7人に

1人が結婚しない時代なのです。経済の悪化に伴い、男性も女性も収入が安定しない非正規雇用に据え置かれた結果、上昇婚が見込めず、結婚にメリットが感じられないこと。加えて、社会のコンビニ化が進み、一人でも十分アメニティを得られるようになったことが理由として挙げられるでしょう（山田昌弘『結婚不要社会』）。では同性愛者の場合はどうでしょうか。子どもを持たないゲイは同世代の男性に比べて可処分所得が高く、消費に旺盛な傾向があります。ただレズビアンは、女性という属性のため所得が低い人も少なくない。トランスジェンダーの同性愛者たちも外形的に敬遠され希望する職場に就職できない場合がある。同性愛者の中にも経済格差があるのです。社会的に成功している同性愛者とそうでない同性愛者に二極化している状況では、同性婚が成立してもその利用者がどれくらいいるかは未知数です。同性婚の法制化を求めるのはあくまでも「法の下の平等」とか「公正」といった観点からであって、いざ蓋を開けてみれば使い勝手のいい同性パートナーシップ制度のほうがよかったという結果になるかもしれません。

ところで、イデオロギー面から同性パートナーシップ制度を思考している人もいます。左派の立場から賛成しているのが、東京大学でクィア学を教える清水晶子教授です。天皇制を補完する戸籍制度を廃止すべきと考えている清水氏は、これに組み込まれてしまう同性婚をよく思っていません。天皇制を解体しなければ身分差別はなくならない。ＬＧＢＴがすべての差別への抵抗を貫徹するならば、我々はそれに与してはならないとの強い信念があるのだと思います。ただし、現在すでにある婚姻システムの平等性を考えれば、異性愛者が使えて同性愛者が使えないのはおかしい。その意味において同性婚を否定はしない、とも。いずれにしても、ニュートラルな同性パートナーシップ制度のほうがまだマシだというのです。

右派の立場から同性パートナーシップ制度に理解を示すのが、文藝評論家の小川榮太郎氏と埼玉大学名誉教授の長谷川三千子氏です。二人は同性婚には一貫して反対をしています。結婚は単なる社会保障制度ではない。同性結婚はタブー以前に、観念すら近年まで生じなかった。社会的承認の是非については長い時間をかけるべきというのがその理由です。しかし、もう少し突っ込んで話を聞いてみると、同性パートナーシップ制度については頭から否定することをしないのです。

小川氏は同性愛者について「割合から推定すれば、日本で少なくとも数百万人いるわけですから、これほど多くの人が制度的にまったく位置づけられなくてもかまわないというのは保守ではありません。今後、十分検討していく必要があると思います」と私との対談で答えています。

長谷川氏は同性愛者に特化した渋谷区の同性パートナーシップ条例について産経新聞に聞かれ、これには反対との答え。しかし記者から「渋谷区の条例案の背景には、同性カップルがアパートの入居や病院での面会を断られることがある」と言われると「これは今回の問題とは切り離して考えるべき問題。むしろもっと一般的な形で、身寄りのない友人同士が同居して暮らしている場合、家族に準じた扱いを可能にするといったことも必要かと思う」とフランスのＰＡＣＳ的な政策なら賛成であることを明かしました。

左派も右派も、同性婚には乗れないが同性パートナーシップ制度ならオッケーだといっている。ここに対話の糸口があるのですが、メディア関係者はそのことを国民に知らせようとはしません。

リバタリアンが推奨する結婚民営化

続いてリバタリアンからのアイデアを紹介したいと思います。リバタリアニズムとは個人的な自由と経済的な自由を最も重視する政治思想のことです。経済学者のリチャード・セイラ―氏と憲法学者のキャス・サンスティーン氏は著書『実践行動経済学』で、結婚制度の民営化を提言しています。人が求める結婚の価値はさまざまです。だから一筋縄にはいかないのです。そうであるならば、いっそのこと結婚を国家から切り離し民営化してしまおうという企図です。人々は民営化された承認組織に登録し、政府は個人間の契約確認のみを行う。宗教、性的指向、慣習など、それぞれの価値に基づいてそれぞれの承認組織ができるでしょう。どれを選ぶかはあなた次第というわけです。

評論家の荻上チキ氏は、もう一歩踏み込んでこんな提案をしています。

《たとえば、「二次元結婚承認組織」の運営に基づき、特定のキャラクターを生涯の伴侶として認定することで、架空のキャラクターとの結婚を可能にするとかはどうでしょう。死後の相続を特定キャラクターに指定することで、著作権やスタジオへの寄付に回し、そのキャラクターが生き続けるための遺産とする。こういうことも不可能ではないのです。現に、キャラクターに「特別住民権」を与えるといったパフォーマンスを、さまざまな自治体が行ってきたわけで。今なら日本は「キャラ婚先進国」の名を思いのままにできるでしょう》（荻上チキ『未来をつくる権利』）

学校事務員の近藤顕彦氏は、ボーカロイドの初音ミクと2018年に結婚式を挙げました。彼は毎日のように、ツイッターやインスタグラムに新婚生活の様子を投稿しています。楽しそうな近藤氏の姿を見て、つい微笑んでしまった人もいるのではないでしょうか。

いまフィクトセクシュアルといわれるアニメのキャラクターしか愛せない若者が増えています。彼らの性的指向は生身の人間ではなく二次元キャラに向いているのです。だがLGBT活動家は、「フィクトセクシュアルは性的指向ではなく性的嗜好だ」と仲間に入れようとしません。でも思い出してほしい。私たちは過去に「ゲイやレズビアンは趣味でやっているにすぎない。あいつらがやっていることは性的嗜好だ」と蔑まれ、悔しい思いをしたのではなかったか。それと同じことをＬＧＢＴ活動家は繰り返しているように私には見えます。ＬＧＢＴが一級市民として認められるまであと僅かなところにまで来ているときに、世間から「変態」だとみなされているフィクトセクシュアルと同類に見られることは得策ではないと思っているのだとしたら、こんな悲しいことはありません。もし、リバタリアンたちが推奨する結婚民営化が実現すれば、フィクトセクシュアルの人たちはさっさとＬＧＢＴを見限り、自分たちで承認組織を作ればいい。ＬＧＢＴは差別される存在であると同時に、差別をする存在でもある。これもメディアが伝えないファクトです。

リバタリアンからのアイデアをもう一つ。憲法24条そのものを削除せよという提案です。批評家の東浩紀氏はゲンロン憲法委員会を作り、２０１２年に「新日本国憲法ゲンロン草案」を発表しました。その中には婚姻および両性の平等を規定している条文は入っていません。その理由は、婚姻という極めて私的な関係を、国民から国家へ与える制約である憲法に記述することは適切でないと考えたからだそうです。現行憲法の24条は、男女の役割の区別を前提に成立する「イエ」制度を基礎に構築された明治憲法下の社会制度を「民主的」に一新するための強力な根拠でもあった。そのような古い社会制度はすでに過去のものとなり、この条文を置く理由は満了した、とのこと。なるほど、そういう考え方もできますよね。

さて、最後にアジア型同性婚の可能性について見ていきたいと思います。メディアはアジアで初めて同性婚が法制化できた地域として台湾を紹介しますが、これもいささか印象操作の匂いを感じます。台湾で成立したこの法律は異性愛者と同じものではなく、別建ての制度だからです。家制度を大事にする高齢の台湾人にとって、既存の枠組みに同性カップルを統合することは感情的に耐え難い。現に台湾では、国民投票の結果、民法改正による同性婚は否決されました。そこで蔡英文総統は民法改正での同性婚を断念し、保守派にも納得してもらえるよう「特別法」として成立させたのです。今回の特別法は例外的な救済としての婚姻登録であり、親族やその他の関係に効力は発生しません。

ところがトランスジェンダーを公言している台湾デジタル担当政務委員（閣僚）のオードリー・タン氏は、「これでいいのだ」と胸を張ります（『オードリー・タン ―― デジタルとAIの未来を語る』）。

《年配の世代にとって、結婚の価値とは個人と個人の関係ではなく、家と家の関係によって生まれるものでした。そこに同性婚の問題が入ってくると、さらに意見の対立は大きなものになります。当時、その対立は簡単には埋まらないと思われていました。

しかし、その後、私たちは知恵を出し合って、問題の解決を実現しました。たとえば、同性婚を望むカップルがいた場合、婚姻の平等を保障するために個人同士の結婚は認めることにする一方、家族同士に姻戚関係は生じないことにする方法が生み出されました。これであれば、社会にとっても受け入れやすいのではないかと考えたのです。
その結果、同性婚が認められて1年が経過しましたが、異なる世代の間でも、この考えがだんだんと受け入れられるようになっています。2018年の住民投票のときには、賛成派と反対派が一触即発の状況でしたが、現在の世論調査によれば、同性婚の支持者が当時より10%増えているという結果が出ています。この方式が受け入れられたのは、少なくとも各世代の人間が持っている価値観のどれも犠牲にしなかったからでしょう。結局、誰もがそんな大した問題ではないと気づいたのです》
古き良き伝統を尊重しながら、穏やかに社会を変えていく強《したた》かさ。これぞアジア型同性婚と呼ぶに相応しいものだと思います。同性婚について考えるとき、私たちはアジア主義の歴史を思い出す必要があるのではないでしょうか。激しい法廷闘争で異論を封じ込めてきた欧米型のＬＧＢＴ運動は、必ずしも当事者を幸せにはしなかった。より差別は激烈になったと各種調査が明らかにしています。負けた側はＬＧＢＴについて理解を深めたのではなく怨念を深めたからです。欧米型ＬＧＢＴ運動がグローバリゼーションや資本主義からの要請である以上抗うことはできないという人もいますが、東洋型のオルタナティヴが存在することをオードリー・タン氏は教えてくれているような気がします。覇道か王道か。わが国が取るべき道は言わずもがなではないでしょうか。

以上、同性婚以外にも多種多様な社会制度の作り方があるという事例を見てきました。ここまでたどり着いて、ようやく同性婚の議論を始めることができるのです。不完全情報のもとでは、国民は公正な判断ができません。だからメディアの役割は重要なのです。メディア関係者の皆様には、声の大きいＬＧＢＴ活動家に惑わされることなく、目を見開いてしっかりと社会を観察してもらいたいのです。

【補足】札幌地裁「同性婚訴訟」判決

原稿を書いている最中の２０２１年３月17日に、札幌地裁において同性婚訴訟の判決が出されました。ところがメディアがあまりにもひどかった。彼らは軒並み「同性婚を認めないのは違憲」との見出しで伝えましたが、これは極めて誤報に近いものです。判決文にはそんなことは一言も書かれていないからです。

この裁判での原告側の主張は、「現行憲法においても同性婚は認められているのだから、民法や戸籍法にその規定がないのは憲法違反だ」というものでした。ところが武部知子裁判長は、粛々とこれを退けました。以下、要約してみます。

① 憲法24条は異性婚について定めたものであり、同性婚については管轄外。
② 憲法13条は包括的な人権規定であり、ここから同性婚という制度を導き出すことはできない。
③ ただし、異性婚で生じる法的効果の一部さえも同性愛カップルは享受できておらず、平等性の観点からさすがにこれは憲法14条違反に当たる。

つまり武部裁判長は、同性婚制度そのものが存在しないことが違憲だと言っているわけではなく、異性愛カップルであれば婚姻することで受けられる法的利益を立法府が一切提供していないことが問題だと述べているのです。自らも弁護士である自民党の稲田朋美氏も3月26日の朝日新聞のインタビューで同じような見解を示しています。たとえば異性愛者の場合、入籍していなくても事実婚として多くの権利が認められる。同性愛者についてもそうした何らかの手立てを考えなさいと司法は勧告したのです

同性婚を何としても国民に認めさせたいというマスコミの強い意志は分かります。でもだからと言って嘘は良くない。後味の悪い裁判報道となってしまいました。

2-3 苛烈するトランスジェンダーVSフェミニストの戦い

トランスジェンダーは包括的概念

2020年9月、菅義偉総理が日本学術会議の推薦した105名の候補者のうち6名を除外したとして、メディアは「学問の自由への侵害だ」と連日批判しました。ところが世論は「国民が納めた税金を使って、学術会議はふだんどんな政策提言を行っているのだろう？」と逆の関心を抱くようになったのです。訝《いぶか》しがる国民に応える形で、日本学術会議の大西隆元会長は「レジ袋の有料化」を功績にあげてみせましたが、これが藪蛇に。アカデミズムの感覚が、いかに国民感情とかけ離れているかが浮き彫りとなりました。

そんな日本学術会議はＬＧＢＴの分野にも提言を行っています。しかし、これも輪をかけて首を傾げたくなる内容なのです。

提言のタイトルは「性的マイノリティの権利保障をめざして（Ⅱ）― トランスジェンダーの尊厳を保障するための法整備に向けて ―」というもの。注目すべきポイントは、現行の「性同一性障害特例法」を廃止し、トランスジェンダー（性同一性障害者とイコールではありません。あとで詳述）が自己申告だけで性別を変えられるよう、新たに「性別記載変更法」を制定せよと促しているところです。

わが国では2003年に性同一性障害特例法が成立し、性同一性障害者は特定の要件を満たせば戸籍上の性別記載を変更できることになりました。その要件の一つが性別適合手術による生殖腺の除去と近似した外性器の形成です。

これは生物学的な生殖機能が残ることで生じる社会的混乱を回避するために設けられた項目であり、性別違和の解消を目的とする当事者たちは一部に不満の声を抱えながらも最終的に受け入れることとなったのです。

ところが提言では、この特例法を時代遅れの古い制度であると断定し、WHO（世界保健機関）がトランスジェンダーは精神疾患ではないと明確に宣言したのだから、日本の法律も手術要件をなくすべきだと主張。身体の治療に主眼を置くのではなく、性自認のあり方に焦点をあてた人権モデルへの移行を強く要求したのでした。

「なるほど、出生時に割り当てられた性別とは異なる性の自己意識に苦しむ人をできるだけ多く救うためには、提言が主張することはもっともだ。健康な体にメスを入れることへの抵抗感もよくわかる」と思われた方もいるでしょう。

私自身も2008年の性同一性障害特例法改正に野党のPT（プロジェクトチーム）の一員としてかかわる中で、そのように認識していました。だが、話はそう簡単ではありませんでした。

おそらく読者の多くは、性同一性障害とトランスジェンダーを同一のものだととらえているのではないかと思いますが、実はそうではありません。トランスジェンダーはいわゆる

トランスジェンダーはアンブレラ・ターム（各概念を包括した総称）

「アンブレラ・ターム（各概念を包括した総称）」であり、大きな傘の下にいくつものカテゴリーがぶら下がっているという構造なのです。

① 必ずしも手術を望まないトランス女性（男性の体で生まれたが性自認は女性の人）

② 必ずしも手術を望まないトランス男性（女性の体で生まれたが性自認は男性の人）

③ Xジェンダー（男性にも女性にも分類されたくない人）

④ クロスドレッサー（男装や女装をする人たち。性的指向や性自認は異性愛者と同じ）

など、その項目は多岐にわたります。そうした区分けの一つとして存在するのが、⑤性同一性障害者（手術などによって体の性を変え、自己意識に近づけていく人）です。

日本学術会議は、性同一性障害者だけでなくこうした幅広い人たちを適合手術なしで性別変更させようとしているわけですが、海外では自らをトランスジェンダーだと主張し女性刑務所に収監されていた人が他の女性受刑者に性暴力を働いたり、元男性のトランス女性のアスリートが女子スポーツの分野で優勝しまくったりするなど、すでに多数の問題が噴出しています。

性別移行を終えて社会のなかで静かに暮らしている性同一性障害の方の中からは、誤解が生じるので、自分たちをトランスジェンダーの枠組みから外してほしいという要求も出ているのですが、ジェンダー学者はけんもほろろ。「トランスジェンダーを定義づけること自体が差別。運動を分断することにつながる」と聞く耳を持ってもらえない状況なのです。

■トランス女性の女性トイレ、女性更衣室、女湯等使用

そのような中、いまSNS上では、フェミニストとトランスジェンダー活動家の間で大論争が起こっています。

2018年7月、お茶の水女子大学がトランス女性の入学受け入れを発表したことをきっかけに、一部のフェミニストたちがトランス女性の女性トイレ使用について異議を唱え始めたのです。女性の中には過去に性暴力被害に遭った人が少なくありません。性別適合手術を

していないトランス女性が女性専用スペースに入ってくるのは、やはり恐怖を覚えるというのが、その理由です。

イギリスでは世界に先駆けて手術要件が廃止され、10年以上経ちます。この間、公的機関や民間機関によって「セルフＩＤ」が導入され、自己申告で性別を変えられるようになったのですが、これが社会に大変な混乱をもたらしました。スポーツジムの女性用シャワールームに男性器が付いたままのトランス女性が入ってきても、誰も何も言えない。「この時間帯は少しご遠慮いただけますか」とお願いすること自体が差別となるからです。２０１６年にセルフＩＤ制度を施行したノルウェーでは、ペニス付きのトランス女性に注意した女性が警察に通報されました。

日本には温泉や銭湯など、海外にはない固有の文化があります。幼少期の娘さんが女湯に入っているとき、ペニスのついた自称女性だという人が前を横切ったら親御さんはどう思うか。彼女や奥さんが温泉に入っているときに異性愛者の女装家と遭遇したら、彼氏や旦那さんはどう思うのか。心配するのは人間の感情の働きとして自然なことだと思います。

トランスジェンダー活動家は「私たちは権利を主張しても実際にそれを行使するようなことはしません」「男性器のあるトランス女性が女湯に入っているケースはない」といいますが、残念ながらそれは事実とは違います。「股間タック」という文字で検索してみてください。股間タックとは陰茎と睾丸を体内にしまい、睾丸の皮で女性の股間のようなワレ目をつくる技術のこと。この方法で女湯に入ることに成功した人たちが再び陰茎を外に取り出し、恍惚とした表情で放尿している動画や画像をいくらでも発見することができるでしょう。彼らのような女装する自分の姿に性的興奮を覚えるオートガイネフィリア（自己女性化愛好症）も、現在トランスジェンダーとして分類されているのです。

東大でクィア学を教える清水晶子教授は、「『選び取られたわけではない近接性』がすでに――気づかないうちに――進行している」と述べています（『思想』２０２０年３月号）。つまり「いまだってペニス付きのトランス女性は女湯に入っているのに、あなたたちは気づかないじゃないか。それで何か問題があるのか」というわけです。そうした現実があるということは学者たちも分かっている。けれども理念のほうを優先させてしまっているのです。

また、新宿2丁目の老舗レズビアンバー「ゴールドフィンガー」では、性別適合手術をしていない白人のトランス女性が訪れ、その日行われていた出会い系イベントに自分を入れろと騒いだことがありました。その人には妻子もいたそうですが、トランスジェンダー活動家は入場を断った店側だけを糾弾し、謝罪させました。性自認は他人にはわからない。どんなに身体が男性でも自己申告で女性だと言われれば、それを信じるしかない。第3者が「あなたは女性／男性ではない」と言及することが差別になるからです。ここに性自認至上主義最大のアポリアが存在します。

あるフェミニストは「まさかこんな新しいミソジニー（女性や女性らしさに対する嫌悪や蔑視のこと）が人生後半で台頭してくるなんて思わなかったよ」と憤ります。ところが日本学術会議は、そんな女性たちのほうが差別主義者だと、次のような見解を出したのです。

「一部のフェミニストのあいだには、『女性』をシスジェンダー（身体と性自認が一致）の女性に限定し、トランス女性を排除する動きがある。トランスジェンダーに対する理解を深めるための法整備は、トランスジェンダーの人びとの生命と尊厳を確保するための喫緊の課題なのである」（日本学術会議提言から抜粋）

フェミニストたちは「こういった記述は、あまりに雑で、中立性を欠いている」と反論しました。海外では法改正によってさまざまな問題が引き起こされている。女子トイレ、女風呂、更衣室、DVやレイプなどの被害者のシェルター、刑務所などにおける安全について、本来なら慎重に議論を積み重ね、国民的なコンセンサスを得るようにしなければならない。ところが、容易な性別変更ルールへの不安や批判を「排除」と呼び、それをもって早急な立法への根拠とすることは倒錯していると言わざるを得ないと訴えました。しかし、日ごろ女性の人権問題に熱心に取り組んでいる朝日新聞や岩波書店がその声を取り上げることはありませんでした。

彼女たちの不安は杞憂ではありません。レズビアンであることを公言している同志社大学の岡野八代《やよ》教授はお茶の水女子大学のトランス女性受け入れについて「女子大学に入学する女性たちはすべて、トイレも更衣室も同じであることが当然でしょうし、部活動などでは、お風呂も一緒だということが前提とされるでしょう。そして、現在その大半の受験生が未成年であることから、ほぼすべての学生にとって、適合手術を受けることは不可能なのです」と上野千鶴子氏が主宰するポータルサイト『WAN』の中で記しています。

これはまさに、女性の人権とトランスジェンダーの人権がバッティングしている状況と言えるのではないでしょうか。にもかかわらず、トランスジェンダーの側だけに肩入れした学術会議の提言は、たとえ政策として採用されたとしても大きな禍根を残すと私は思います。

トランス女性の女子競技出場

一方、日本の保守論客の男性たちは、この喧騒を冷ややかな視線で見ています。「フェミニストはトランス女性を批判するけれど、もとをただせばアンタたちがジェンダーフリーやジェンダーレスを吹聴してたんじゃねーか。その反省もなく、いまさら助けを求められてもねぇ」と半ばあきれ顔なのです。確かに1990年代からゼロ年代にかけて、故・竹村和子氏をはじめとしたジェンダー学者が、近代家族や男女二元論を解体するためにトランスジェンダーの存在を都合よく持ち出していた印象は否めません。そのツケが回ってきていると保守派の方々は感じているようです。フェミニストたちは「何を言っている。これは男の問題だ。男たちが男性専用スペースからトランスジェンダーを締め出したから女性専用スペースに進出してきたのではないか」と悲鳴を上げましたが、両者の気持ちが交差することはありませんでした（2002年発売の『岩波 女性学事典』には《〝生物学的性差をセックス、社会的性差をジェンダー〟というようなセックスとジェンダーの区分は、むしろセックスをそれ以上遡及できない〝自然〟として捏造してしまう》と記載されています。フェミニズムが構築主義やポスト構造主義に影響を受けていく過程で、本質主義は後景に退いていったかに見えました。ところが近年、トランス女性問題を通して生物学的女性経験をアイデンティティとする人たちが集団化し、グッと前にせり出してきた。20年前のアカデミシャンは想像もしていなかったフェミニストの分断が始まっているのです）。

２０２０年11月、スウェーデン体操連盟は、10代のジュニア選手が練習や大会に臨む際にどの性別で参加するかは本人の判断に委ねるとの方針を発表しました。トランスジェンダーの10代選手も、ジュニアレベル（13歳から18歳、種目ごとに異なる）まで、自由にカテゴリーを選択できるとのこと。フランスの通信社ＡＦＰによると、これはスウェーデンのＬＧＢＴ権利団体「ＲＦＳＬ」の要求に応えたものだそうです。

サッカー、ハンドボール、ボクシング、ウエイトリフティング、アイスホッケー、バスケットボール……、海外では未手術のトランス女性が女子スポーツへ参入することが認められるようになってきています。トランスジェンダリズム（「私の性別は私が決める」というイデオロギー）に則ればトランス女性は女性ですので女子スポーツに参加させないことは差別になります。主催団体は善意から彼らの言い分を飲んだのかもしれませんが、その結果どんなトラブルが生じているかご存知でしょうか。体力において断然上回るトランス女性が、生得的女性を完膚なきまでに打ち負かす現象がそこかしこに見られるようになったのです。

２０２０年11月、アメリカのコネチカット州に住む短距離走者、セリーナ・ソウルさんは、「トランス女性選手が陸上競技女子の枠でトップを独占し、生物学的な女性選手が苦境に立たされている」と動画で窮状を訴えました。８歳から陸上競技をはじめた彼女は、２０１８年には州の高校女子陸上競技大会でトップ５に入る実力でした。しかし、その年の州選手権で1位と2位を獲得したのは、生物学的には男性とされるトランス女性でした。彼女たちは2年連続で女子の枠で金メダルと銀メダルを獲得。合計15種目の州選手権でタイトルを得たというのです。放課後に友達と遊ぶことも、週末に出かけることも抑制し、夢を追いかけてきたセリーナさん。それが一瞬のうちに砕かれてしまった悔しさは想像に難くありません。

「（身体的）男性が（身体的）女性と競うことをあなたは公平と思うだろうか」とセリーナさ

んは疑問を投げかけます。そもそもなぜ男子は男子と競い、女子は女子と競うのか。それは圧倒的な筋力差があるからです。世界で最も速い女子短距離走選手のアリソン・フェリックス氏がたたき出した400メートルでの生涯最高記録は49・26秒ですが、2018年のデータを見るとアメリカだけでもこの記録を上回った男子高校生が300人近くいるとのこと。ちなみにセリーナさんが出場した大会で上位を占めたトランス女性選手の記録は、州選手権の男子の部には出場できないほどのものだったそうです。

セリーナさんは「現在、生物学的な男子が女子の部で記録を残すことを許されている。これにより、女子の記録が塗り替えられ、実際の女子による成績が消し去られる。そして、女子がどれほど練習しても、どれほど懸命に努力してもおそらく手の届かない基準が打ち立てられる」と嘆きます。

元オリンピック選手の為末大氏は、あまりの事態に驚き、動画を日本語に訳したtarafuku10氏の投稿を次のように紹介しました。

《ここから連なるツイートを是非読んでください。公平性とジェンダーの自己決定は競技の場で対立するという話です》

為末氏といえば、LGBTに大変理解のある方です。2013年には東京レインボーウィークの関連行事「カラフルラン東京」に参加されるなど、早い段階から当事者に寄り添ってこられました。その為末氏がこの問題に気づいてくださった意味は大きい。なぜなら日本は東京オリンピックを控えているからです。ニュージーランドの女子重量挙げ代表で、トランス女性のローレル・ハバード選手は、オリンピックで金メダルを手にする初めてのトランスジェンダーになるだろうと言われています（東京オリンピックでは、スナッチを3回連続で失敗して記録なしとなった。その後、引退表明）。ところが女子選手からは異議が噴出。国際オリンピック委員会（ＩＯＣ）は、男性ホルモンであるテストステロンを12カ月抑制すれば大会への出場を認めているのですが、いくら規制したとしても男性として成長するまでに得た身体的優位性はそのままなので生得的女性と公平にはならないというのです。

また、コロナが終息した後の東京オリンピックには世界中から観客が来ることが予想されます。その中には自己申告だけで性別変更のできる国から訪れるトランスジェンダーもたくさんいるでしょう。「せっかく日本に来たのだから記念に温泉に入ろう」となったとき、温泉施設はそれを拒否することができるでしょうか。母国で合法的に性別変更している彼らをペニスがついているという理由だけで女湯から排除すれば、日本は差別大国だと告発され国際問題になることは間違いありません。今から対処しておくべき課題だと思いますが、このような問題群について敏感にアンテナを働かせている国会議員は見当たりません（診断書なしで自己申告だけで性別変更できる国はノルウェー、デンマーク、マルタ、コロンビア、アルゼンチン、スウェーデン、ポルトガル、アイルランドなど)。

トランスジェンダーへの差別や偏見をなくすことはもちろん大事です。だけどトランスジェンダリズムはすべての場面に適用できる「万能薬」ではない。グランドセオリーにはなりえないのだとの諦念が必要なのだと思います。その上でどうするかを私たちは「政治的」に考えるしかないのです(ちなみに男子スポーツに参加するトランス男性はほとんどいません。男子のフィールドで勝負すれば選手にもなれないことが無意識にわかっているからではないでしょうか。多くの人は女子スポーツで活躍し、引退後に「実はトランス男性でした」とカミングアウトします。トランス女性が女子枠で出場するのなら、トランス男性は男子枠で出場しなければフェアではありません。ところがなぜかマスコミはこうした議論を俎上にあげようとはしません)。

排除された元プロテニスプレイヤー、ナブラチロワ氏

こうした発言をするとすぐに「トランスジェンダー差別だ」と言いがかりをつけてくる方がいます。元女子プロテニスプレイヤーでレズビアンを公言しているマルチナ・ナブラチロワ氏もそうした被害にあった一人です。

ナブラチロワ氏は英紙サンデー・タイムズに寄稿し、「女性になると選んだ男性は、関連スポーツ団体が要求するなら必要なホルモン投与を受け、女性として大会に出場し手当たり

次第に優勝しまくり、そこそこの大金を稼ぐことができる。そのあとで男性に戻り、望むなら子供を作る生活に戻れる」「これは狂ってるし、不正行為だ」「トランスジェンダー女性を本人の望む形で呼ぶのは喜んでするが、スポーツで競い合うのは望まない。それは公平ではないから」と主張しました。すると即座にトランス女性選手から批判が起こり、ＬＧＢＴのスポーツ選手を支援する団体アスリート・アライはナブラチロワ氏との提携関係を解消。同団体の諮問委員会、および大使としての立場から除名したのでした。

ナブラチロワ氏は、国際バスケットボール連盟（ＦＩＢＡ）にムスリム女性のヒジャブ禁止を撤廃するよう求める公開書簡に署名したり、２０１７年にはテキサス州の反トランスジェンダー法案に公開書簡で抗議したりしてきた人物。決してＬＧＢＴの敵ではありません。そのナブラチロワ氏が「不正行為」だと抗議するのには相当な理由があると考えるのが自然です。しかしながら、脊髄反射的な怒りの前には、ウィンブルドン元王者の声でさえ、かき消されてしまうのです。

トランスジェンダーをめぐる問題は、さらに苛烈さを増していきました。２０２０年、アメリカ民主党のトゥルシー・ギャバード下院議員は、女性アスリートを保護する法案を提出しました。要約すると以下のような内容です。現在あるタイトルⅨ（アメリカ合衆国の公的高等教育機関における男女の機会均等を定めた連邦法の修正法）は、連邦政府の資金提供を受けている教育プログラム及び活動における性別による差別を禁止している。それが一部の州で誤解され、女性アスリートの機会の喪失を生み出している。生物学的男性が女性のスポーツで競争することを許可すると、その平等が損なわれタイトルⅨの意味が失われる。よって、出生時の生物学的性別が男性である人が女性向けに指定された運動プログラムまたは活動に参加することを許可した学校へは連邦資金の提供をストップする、というものです。ギャバード議員はトランスジェンダー支援者たちによってすぐさま非難されました。州議会でトランスジェンダーの若者への攻撃を煽っているのと同じだというのです。

ちょうど上院では共和党のケリー・レフラー議員が「スポーツ法における女性と女児の保護」と題された同様の法案を提出していました。レフラー議員は、ブラック・ライブス・マター活動を否定する発言が物議を醸していた最中であり、この法案も反差別だとみなされ、彼もまた激しく攻撃されることになりました。

▒トランスジェンダーはフェミニストよりさらに遅れてきた近代主義者

とどまる所を知らないトランスジェンダー論争。では、どうするか。私は、社会学者の宮台真司氏による考察が一つのヒントになると考えます。差別はなぜ生まれるのか。宮台氏は、哲学者のイヴァン・イリイチ氏の論考をいまこそ再評価すべきだといいます。

イリイチ氏は、『ジェンダー』『シャドウ・ワーク』という本を出版していますが、意味するところはフェミニズムのそれとは違います。彼の言うジェンダーとは、ヴァナキュラー・ジェンダー（土俗的性別観念）のこと。ヴァナキュラー・ジェンダーが世界を覆っていた近代以前には、地域共同体ごとの宇宙観によって男女の役割が分かれていて、そこに優劣はなかった。しかし、産業化に伴い、普遍的な人間概念が志向されるようになると、「同じ人間なのになぜ女性は扱いが違うのか」と人々の感受性が変わっていった。その結果、ヴァナキュラーな差異はすべて差別だとされるようになったというのです。

シャドウ・ワークについても、イリイチ氏はこう説明します。産業化以前の社会では家事労働は生きていく上で必須な営みであり、重要な位置を占めていた。狩りが偉いわけでもなく、逆に家事が偉いわけでもない。平等だった。産業化によって賃金労働が生まれたことで、「支払われる労働」と「支払われない労働」に分業された、と。

宮台氏は「イリイチの議論は面白い。差別・被差別の関係があれば解消しろというのが倫理的主張だと考えられてきた。フェミニストもそう考えてきた。イリイチはそれを承知で『差別とは意識されなかったことが差別だと意識されるようになるのは、コスモロジーの貧困化のせいだ、コミューナルなものの空洞化のせいだ』と提起したわけ」と解説します。

そして、ネットメディアのインタビューで次のように答えています。

《かつて青木やよひさんが日本にイヴァン・イリイチ流のエコロジカル・フェミニズムを紹介した際、上野千鶴子さんが「ラディカル・フェミニズムから見てもマルクス主義フェミニズムから見ても、利敵行為だ」と批判しました。それに対し、僕の師匠の一人、見田宗介さんが「浅薄すぎる」として上野千鶴子さんを新聞で批判しました。ちなみにイリイチはこう言います。男女差別批判者は「男女は『同じ人間』なのに社会的扱いが異なるのは不公正だ」と告発する。だが『同じ人間』という範疇は人類史上、自明ではない。「男女といえど『同じ人間』」という発想をセクシズムと呼ぼう。セクシズムの蔓延ですべてがフラットになり、フラットな空間上での優劣だけが問題になった。かくして男女間の社会的扱いの区別は「男は優位、女は劣位」と再コード化された。だが「男は優位、女は劣位」という観念の解除は「男女といえど『同じ人間』」というセクシズムを必要としない。何が必要なのか。ヴァナキュラー・ジェンダー（土俗的性別観念）である。何万年と続いた部族的段階の原初的社会に男女の優劣はなかった。かわりに男女を『同じ人間』として位置づけないコスモロジー（聖なる意味論）があり、かつ男には男の、女には女の、コスモロジーがあった。男のコスモロジーと女のそれは異なり、どちらかで社会が覆われることはなかった。近代は「男女といえど『同じ人間』」とフラット化＝比較可能化した上、優劣をつけた。抗う側も「『同じ人間』だから等しく扱え」と主張し、「同じ人間」という言葉を使うことで「汎男性化というフラット化」を帰結した。そして我々は不幸になってしまった。
イリイチの見方は妥当です。でもそれが近代にもたらす処方箋は「価値の序列づけを排除した上、男女間の社会的扱いの区別を保存せよ」となります。これは問題です。なぜならば、価値序列の解除が困難である以上、「価値序列を排するためにこそ社会的扱いの区別をなくせ」とする戦略しかなく、ゆえに「男女間の社会的扱いの区別を保存せよ」というイリイチ的主張は、価値序列の解除を企図する運動にとって利敵行為になるからです。それが上野千鶴子の主張です。論争が起こったのは80年代半ば。僕は上野千鶴子さんの言うことをもっともだと思いつつ、「浅薄すぎる」と批判した見田宗介さんに共感しました。どちらが正しいかは本質的に難しいけど、ポストモダン化が進み、様々な事物の再帰性 ― 着脱可能化 ― が進むほど、見田さんの方が「やはり」正しかったと思うようになりました。周知のように、ポストモダン化に伴ってフェミニズムが世界的に退潮してきました。フェミニズムが無効だったのではなく、逆に有効だったがゆえにポストモダン化（着脱可能化）を推進し、役割を終えたということです。かくして今はもっと別の課題があるんじゃないかと人々が思い始めた。そう。何もかもフラットで着脱可能になったとき、どうすれば幸せに生きられるか。終わりなき日常の問題です》（『VOBO』コイトゥス再考 #24 宮台真司 泥沼のマスキュリニティ）
（参考文献、上野千鶴子『女は世界を救えるか』、見田宗介『定本　見田宗介著作集V』、江原由

美子『現代思想』２０１６年1月臨時増刊号 総特集＝見田宗介＝真木悠介）

実に興味深い評論です。宮台氏は、女性解放が程遠かったかつての日本においては上野氏に代表されるような理論を押し通す以外に選択肢はなかったと納得しつつも、それが果たして私たちに幸せをもたらしたのかといえば微妙さが残ると心情を吐露します。私はこれをトランスジェンダー論に接続したい。トランスジェンダーの人権は、かつての女性がそうだったようにまだまだ確立されているとは言えない。その意味において、公正な正義はこれからも追求されなければなりません。ただ、トランス女性を女性枠に入れよとの近代的要求が軋轢《あつれき》をもたらしているとするならば、どうすればみんなが幸せになれるか私たちは知恵を出し合うべきではないでしょうか。

昔、男のコスモロジー、女のコスモロジーがあったように、トランスジェンダーにはトランスジェンダーのコスモロジーがありました。それが、わが国の社会のありようだったのです（例を挙げればきりがありませんが、ここでは玄洋社の生みの親であり、頭山満《とうやまみつる》や来島恒喜《くるしまつねき》の師匠でもあった儒学者の高場乱《たかばおさむ》がトランス男性だった史実を紹介しておきましょう）。その形跡は今でも残っています。トランス女性がテレビで活躍する国が日本であり、迫害され命を奪われる欧米社会とは大きく違う。「トランス女性はトランス女性です」が差別なく受け入れられる国に、「トランス女性は女性です」の運動を持ち込めば衝突が起きるのは当然のことです。

生得的女性たちが「ペニス付きのトランス女性が女湯に入ることだけは勘弁してほしい」「筋力差の大きいトランス女性選手が女子スポーツに参加することだけは遠慮してほしい」と望むのはトランスフォビアだからではありません。そこだけは「政治的」に調整してもらいたいとの切実な願いなのです。

トランスジェンダー問題を奇貨として、再帰的にイリイチ氏の描く共同性が出現した事例があります。それは東日本大震災での出来事でした。避難所での生活はプライバシーが守られにくく、カミングアウトをしていないセクシュアルマイノリティにとっては安心できない場合が多い。安否確認や物の貸し借りなどで地域の人間関係が密になれば、周囲にわかってしまう確率が高まるからです。

宮城県の避難所で暮らしていたあるトランス女性もそうでした。彼女は髪が長いのに腕力があったため「男性？　女性？」と奇異な目で見られ、「（避難所に）変態の女装のオカマがいた」とボランティア日誌に書かれたそうです。

そんな彼女に救いの手を差し伸べたのは、被災女性たちでした。男性たちの一部が揶揄するような発言をした際にはそれをたしなめ、彼女を仲間として受け入れたのです。更衣室やトイレなども女性用を使えるようにしていきました。そうしたところ彼女の表情はみるみる明るさを取り戻し、生き生きと活動するようになっていったそうです。すると今度は彼女が動きました。被災女性たちがこれまで言い出せなかった「女性用更衣室へ全身が見える立ち鏡を入れてほしい」という要望を避難所運営者に伝え、設置してもらうことに成功したのです。彼女が避難所を去るとき、自分が迎え入れられた喜びを心から感謝し、「これからも頑張る」と告げて新天地へと出発していったそうです（みやぎの女性支援を記録する会『女たちが動く』）。

著述家レベッカ・ソルニット氏は、大規模災害の後に一時的な現象として発生する理想郷的コミュニティを「災害ユートピア」と名づけましたが、東北の片隅でこうした出来事があったことは記憶にとどめておきたいところです。私たちが幸せを得るためには、どんな前提条件が必要なのかということをこのエピソードは教えてくれます。コミューナルなものの記憶が息づく社会には「異質だが平等」を実践できる力があるのです。イリイチ氏は石牟礼道子氏との対談で、コスモロジーの痕跡は世界のあちこちに「おき火」として残っているとの旨を述べています。おき火に息を吹きかけることで、ひょっとしたら失われたコスモロジーを再興できるかもしれないと、不可能の可能性について語るのです（石牟礼道子『不知火 ―石牟礼道子のコスモロジー』）。

■いつだって女子が私を助けてくれた

昭和の時代を生きたゲイの多くが証言するように、女っぽいことを理由に小中学校でいじめられたとき、助けてくれたのはいつだって女子でした。私もそうでした。共働きの母が毎朝4時に起きて作ってくれた弁当を教室中にまき散らされ「くっせー！　誰の弁当だ？」と嘲笑われたとき、痣がわからないように制服の上から腹ばかり殴られていたとき、トイレで手の甲にタバコの火を押しつけられ「誰にも言うなよ」と脅されたとき、女子たちは「だいご、こっちだよ」と逃げ道を確保し、かばってくれた。その女性たちが大人になってトランスジェンダーの問題で困っている。私は声を上げないわけにはいきませんでした。カトリック教会が強大な力を持つ中南米ではトランスジェンダーは存在そのものが認められにくい。現にブラジルでは２０１９年10月から２０２０年９月の１年間で１５２人のトランスジェンダーが殺害されています。ブラジル最高裁は２０１９年１月、ＬＧＢＴ差別は犯罪であるとみなす判断を下しましたが、国民の憎悪はいっこうに治まらないのです。だから彼らを保護するための激しい権利獲得運動が必要となっている。けれども日本はそうではありません。女性たちはトランスジェンダーを嫌悪しているわけではない。洋服などの自己表現は自由にやってもらって構わない。ただし、女湯や女子スポーツへの参入だけはちょっと考えていただけませんかという要求なのです。そのことをどうかわかってほしい。お互いがお互いを思いやり、この場面ではトランスジェンダーが譲り、あの場面では生得的女性が譲るという「お互い様」の気持ちが必要なのだと私は思います。心配の声を上げる女性たちを一括りに「ターフ（TERF：トランス排除的ラディカルフェミニスト）」だとレッテル貼りし、ツイッターのアカウントを凍結させていくやり方では分断が深まるだけです。

トランスジェンダー活動家は「黙れ！　当事者でないお前に何が分かるか」と私にも唾を吐きかけます。その言葉を聞いたとき、私は社会学者の見田宗介氏の論壇時評を思い出しました。見田氏は、「あなたの〈実感〉を疑え」という上野千鶴子氏に次のような応答をしています。

《〈実感〉を手放した身体が〈観念〉という病を呼ぶのだ。〈実感〉を疑うのではなく、〈実感〉を信じつつ相対化するということ、自己の実感を信ずると共に他者の実感（他の性、他の文化、他の時代の実感）をも信ずること、自己のまた他者の内部のたがいに矛盾する実感たちを、矛盾をたしかめながら積分してゆくという方法だけが、「家族」や性の領域の問題を扱うことのできる方法である》

1985年に書かれたこのメッセージはいま読んでも色あせていません。トランス女性の実感と生得的女性の実感。どちらにも配慮しながらより良い制度設計につなげていけることを願ってやみません。

第3章

LGBTをめぐる報道と現実の落差

3-1　LGBT運動とアンティファ

■アンティファ思想に染まったLGBT活動家

極左集団、ANTIFA（アンティファ）が話題となっています。トランプ元大統領の「米国はアンティファをテロリスト組織として指定する」との発言は日本のマスコミでも大きく取り上げられ、ふだんネットに接する機会のない人たちにも、その存在が知られるところとなりました。だが一方で、わが国のアンティファ運動については、なぜかほとんど報道されることがありません。そして、LGBT運動とアンティファの関係についても。

巷間《こうかん》指摘されているように、日本におけるアンティファは「C.R.A.C.（元しばき隊）」の別名に他なりません。「C.R.A.C.」とは、ヘイトスピーチを行う右派団体の根絶を目的とした市民活動団体のこと。彼らが赤と黒のアンティファの旗を振り、同文字デザインのTシャツを売っているのは欧米のファッションを真似しているだけだと揶揄する向きもありますが、そこには少なからず「暴力には暴力で対抗せよ」という運動論への共鳴が存在しているのです。排外主義に対して「感情より理性を」「話せばわかる」といった生ぬるい戦略しか取れないリベラル派への苛立ちが、彼らをより過激な言動へと駆り立てています。

私としばき隊との遭遇は、2013年まで遡ります。フリーター全般労働組合が主催し、作家の雨宮処凛《あまみやかりん》氏をシンボルとして毎年開催されている「自由と生存のメーデー」に参加したときのことです。サウンドデモの隊列に突如、右翼団体が突っ込んできたのです。「あっ」と思った次の瞬間、疾風《はやて》のように道路を駆け抜け、渦中に入っていく人たちがいました。それが、しばき隊でした。

付近は騒然となりましたが、すぐさま警察が対応し、混乱は次第に収まりました。デモの前面に出るのではなく、勝手連的に自警団の役割に徹して全体をコントロールする彼らの手法は、巧妙に考えられたセルフプロモーションのように感じられました。

翌2014年、しばき隊界隈の人たちを主軸メンバーとする「TOKYO NO HATE」が、国内最大のLGBTの祭典、東京レインボープライドのパレードに初のフロートを出します。このとき私は、行進者の横をトランシーバーを握って小走りする野間易通《やすみち》氏の姿を目撃しています。

野間氏はしばき隊創設者の一人ですが、おそらく前年のことが頭にあり、自発的に警護を買って出たのだと思いました。もちろんLGBTパレードは、暴徒に襲われた経験がないわけではありません。けれども、みんなの知恵でそれを乗り越えてきたのです。沿道から応援してくれる人たちとのハイタッチは、「信頼」をベースに性的マイノリティへの共感を広げていこうとする参加者たちの意志の表れでした。

しかし、しばき隊の接近によって、ＬＧＢＴ運動は様相を変えていきます。「差別者との対話には意味がない。力ずくで排除せよ」というアンティファ思想に共振するＬＧＢＴ当事者が増え、２０１８年5月には東京レインボープライド公式シンポジウムのパネリストとして、元しばき隊メンバーが登壇するまでになりました。

これまでＬＧＢＴパレードは「新しい社会運動」の見本だとされてきました。新しい社会運動とは、フランスの社会学者アラン・トゥレーヌ氏が提起した概念です。１９６０年代以降、社会の複雑化に伴い、従来の二項対立の図式（資本家vs労働者、国家権力vs被支配者など）では解決できない問題が続出し、階級闘争型の労働運動は訴求力を失っていきました。そうした中、官僚的統率ではない緩やかなつながりによる新しい形態のデモが若者の心をつかんでいったのです。

とりわけ２０００年代以降には、トラックにＤＪブースを積み込み、大音量で音楽を流し、それに合わせて踊りながら行進するスタイルが人気を博しました。ＬＧＢＴパレードはその先駆けでした。同パレードが注目されたのは、「抗議」を前面に出すのではなく、誰もが参加可能な「お祭り」をつくり上げることに成功したからです。祝祭を一緒に経験することで、これまで性的マイノリティに関心がなかった人々にもシンパシーの輪を広げ、社会に気づきをもたらしたと評価されました。

ところが、この新しい社会運動は、国会前デモに象徴されるように再び姿を変化させていきます。団塊の世代の左派系文化人や政治家と結託するようになり、あたかも55年体制に先祖返りしたかのような善悪二元論に陥っていったのです。そしてＬＧＢＴ運動もまた、それに引きずられていくことになったのでした。

２０１８年7月27日。東京の永田町にある自民党本部前には、杉田水脈議員へ抗議するため主催者発表で５０００人が集まっていました。「ＬＧＢＴには『生産性』がない」との雑誌での発言が差別に当たるとして、当事者たちが紛糾した事件については第1章でもお伝えしました。けれども、このデモの中心的呼びかけ人だと思われていた東京レインボープライド共同代表の二人が、当時日本にはいなかったことを知る人は少ないのではないでしょうか（山縣真矢氏はベルギーのブリュッセル、杉山文野氏はニューヨークにいました）。実はこれを企画したのは野間易通氏と彼を慕うアンティファ界隈のゲイであり、ハッシュタグをつくり、ＳＮＳを使って動員していったのでした。

デモ後も怒りの炎は消えることがなく、論文を掲載した『新潮45』を廃刊に追い込みました。一連の動きを先導しているのはアンティファだと当初から関係者は分かっていました。

しかし、ファクト（事実）を報じるマスコミは一切ありませんでした。このあと、彼らはさらにエスカレートしました。区議会議員の選挙応援に訪れた杉田議員に対し、襲いかからんばかりの至近距離から罵声を浴びせるなど、その糾弾方法には杉田発言に否定的だった人たちからも疑念の声が上がるようになっていったのです。

私は杉田議員を擁護しているわけではありません。最後の発刊となった『新潮45』10月号では、当事者の立場から彼女の認識不足を指摘し、LGBTのおかれている現状を説明、杉田議員との対話を呼びかけました。けれども、アンティファ思想に染まったLGBT活動家たちは、その私でさえも攻撃対象とみなすようになったのです。そして「対話路線が無意味だということは米国で証明されている。敵に塩を送るな」との理由で、ツイッターでの総攻撃が開始されたのでした。私だけではありません。アンティファや彼らと歩調を合わせるLGBT活動家に少しでも異を唱えると、どこからともなく指令が発せられ、誹謗中傷の銃弾が飛んでくるのです。

組織を持たないアンティファは、イタリアの哲学者アントニオ・ネグリ氏とアメリカの哲学者マイケル・ハート氏が描くマルチチュード（群衆）そのものです。二人は、グローバル時代の新たな主権と資本主義に対抗する主体としてマルチチュードを肯定的に構想して見せました。これからの世界を変革し得る存在として期待を寄せたのです。

ところが、現実はそうはなりませんでした。確かにバラバラな個がネットでつながり、デモはやりやすくなったかもしれませんが、そこに出現した世界は多様性とはほど遠い〝村社会〟でした。村の掟に逆らう者は容赦なく私刑にする彼らを、大衆は遠くから冷ややかな目で見ています。ＬＧＢＴ活動家が「差別だ」と認定すれば議論することも許されない言論空間は、果たして公共的と言えるでしょうか？

3-2 当事者からも疑問の声が上がったアウティング禁止条例

■ノンケはカミングアウトの実態がイメージできていない

たとえば、最近こんなことがありました。鈴木英敬《えいけい》三重県知事が都道府県として初めてとなるアウティング禁止条例制定の意向を県議会で表明したところ、多くのＬＧＢＴ当事者から疑問の声が上がったのです（２０２１年に施行）。ところがマスコミは、条例制定への動きに喜ぶ一部の左派ＬＧＢＴ活動家のコメントを伝えるのみで、市井の当事者の懸念をまったく報道しませんでした。

「アウティング」とは、本人の了解を得ずに、公にしていない性的指向や性自認を暴露すること。鈴木知事は「（アウティングは）家族関係や就労関係を不安定なものにしたり、友人との人間関係を分断し、孤立に追い込んだりしかねない」「互いを思いやる社会となるよう、取り組みをさらに進める必要がある」と見解を述べています。おそらく三重県は、良かれと思って、この条例を考えたに違いありません。

しかし、そこには極めて大きな落とし穴がある。「合成の誤謬《ごびゅう》」という言葉をご存じでしょうか。ミクロの視点では合理的な行動であっても、それが合成されたマクロの世界では、必ずしも好ましくない結果が生じてしまうことを言うのですが、アウティング禁止条例はまさにこれに該当します。

政策担当者の念頭には、2015年に一橋大学で起きたアウティング事件があるのだと思います。ゲイの法科大学院生が同級生の男性にLINEで恋愛感情を告白したところ、性的指向を暴露され、精神に不調をきたし、校舎から転落死したと伝えられているのですが、実際はそんな単純な話ではないとゲイ当事者の間では語られています。

一部のメディアによると、男友達だと思っていた相手からいきなり告白された異性愛者の男子学生は「付き合うことはできないが、これからも良い友達でいたい」と丁寧に断っていたといいます。それにもかかわらず、その後もゲイの同級生は彼にプレゼントをしたり、彼が知りたがっていた情報をインターネット等で詳細に検索して知らせたり、二人だけでいるときに身体を接触させようとするようになったため、異性愛者の男子学生はたまりかねて「おれもうおまえがゲイであることを隠しておくのムリだ。ごめん◯◯」とSNS上に投稿してしまったのだそうです（星野豊『新潮45』２０１８年9月号）。

ＬＧＢＴ活動家による「アウティング反対！」の大合唱のもと、暴露した学生のほうが悪者だと一方的にラベリング（レッテル貼り）されてしまいましたが、それはあまりにも短絡的な人間理解だと私は思います。遺族との裁判では和解が成立しており、口外禁止条項が設けられているため、これ以上の情報がオープンにされることはありません。だが、この事件からは多くの学びを得ることができます。

アウティング禁止条例はＬＧＢＴへのまなざしを決定的に変える恐れがあります。ＬＧＢＴから告白されたら誰にも相談してはならないとすれば、そんなリスクのある人にいったい誰が近寄るというのでしょう。「頼むから私にはカミングアウトしないでくれ」と思うのが自然ではないでしょうか。

ノンケの人たちはカミングアウトのイメージがよくわかっていないのだと思います。カミングアウトって確かに全体に対して行う人もいますが、そうじゃない、部分的にカミングアウトをしている人ってたくさんいるんですよね。家庭ではカミングアウトしているが会社ではしていないとか、趣味の仲間にはしているが学校ではしてないとか、Ａさんにはしているけど Bさんにはしてないだとか。まだら模様になっているわけです。つまり、誰がどの範囲でカミングアウトしているかなんて、第３者にはわからないわけですよ。アウティングしたら罪に問われるということになれば、当事者同士の会話であっても、薄氷を踏むようになってしまう。どこに地雷が埋め込まれているかわからない状況になるわけですから、常に緊張が強いられる。そうなるとＬＧＢＴ同士であってもセクシュアリティについては胸襟《きょうきん》を開くことができなくなります。

例えばゲイバーは、歴史的にアジールとしての役割を果たしてきた。会社や学校ではオープンにできない「心」を開放する場でもあったわけです。そこでは「今日、誰誰とゲイのクラブイベントで会った」とか「昨日、誰誰とエッチした」などの会話も日常的になされている。そうした身も蓋もない話をすることで、日ごろの抑圧をリセットして、また明日から頑張ろうという活力にしてきた。これらがアウティングで罪に問われる可能性があるとすれば、腹を割った話なんて何もできなくなる。じゃあ、ゲイバーが果たしてきた機能は何で代替するのよって話になります。ゲイバーではママが客から相談を受けることもある。しかし今後は「相談お断り」というママが増えるかもしれない。だってその人の秘密を墓場まで持っていかないと罪に問われるということになれば、大変なプレッシャーですよ。そんな面倒くさい人には関わりたくないと思うのが自然な感情の働きではないでしょうか。条例による手厚い保護が、かえって自然なコミュニケーションの壁になる。コミュニケーションに常に法が介入するということになれば、こんな生きにくい社会はないと思います。

アウティング禁止条例の最大の問題は、被害者と加害者が容易に反転してしまうということです。ノンケにはピンとこないことかもしれませんが、LGBT当事者であれば以下のような事例をいくらでも想像することができます。

【ケース①】 男性／女性の同僚が、男性／女性であるあなたにセクハラをした場合、会社に訴えると逆にあなたがアウティングで起訴される可能性があります（一橋大学の同性愛裁判と同じ構図）。

【ケース②】 性的マイノリティはLGBTだけではない。二次元コンプレックスなども含まれます。「あいつはオタクで、二次元が嫁だから」という善意の会話もアウティングになります（バ美肉など、新しいセクシュアリティの問題）。

【ケース③】 警察による事件の捜査で近所の人が「あの人はゲイで、男の出入りがあった」と証言すれば違反になります。またマスコミがそれを取材して伝えても同罪になります（捜査協力や報道の自由の問題）。

【ケース④】 三島由紀夫氏は生前にゲイだとカミングアウトをしておらず、同性愛の面から研究している学者はアウティングに問われます（死者の自己情報コントロール権の問題）。

【ケース⑤】 同性愛者の痴情のもつれや喧嘩の報復合戦に当条例が利用される恐れ。何十年も前の飲み会の席での話を持ち出され「あのときアウティングしましたよね？」と訴えられる可能性があります。どんなに仲が良くても人の気持ちは時間とともに変わります。記憶も捏造される。過去にまで遡って断罪するのだとしたら、かなりの人が社会人としての生命を失うでしょう（法律不遡及原則の問題や条例の目的外使用の問題）。

いかがでしょうか。ざっと羅列しただけでもこれだけの問題点があるのです。しかし、三重県の審議会では一切話し合われていない。百歩譲って、このようなケースは除外するとの付則がついていればまだ納得できるのですが、そこまでのイマジネーションは働いていないようです。アウティング禁止条例は、ＬＧＢＴ性善説に基づいています。ＬＧＢＴ＝弱者＝純真な存在が、異性愛者＝強者＝邪悪な存在によって屠《ほふ》られるというステレオタイプがノンケにはあるのではないか。だがそれは、異性愛者による「オリエンタリズム」に過ぎません。

２０２０年11月、一橋大学院生が転落死した裁判の判決が出ました。東京高裁は大学が安全配慮義務を怠ったとは言えないとする一審・東京地裁の判決を支持し、遺族の控訴を棄却しました。ご家族の気持ちを慮り、多くのゲイはこれまで発言を控えてきたのですが、地方自治体の条例制定過程でこの裁判が参考にされている状況を考えると、沈黙しているわけにもいかなくなってきました。一橋大学の事件は痛ましい出来事でしたが、そのことと条文を精査する作業はまた別の話です。お気持ち主義に流されて、かけなくてもいいところにまで網をかける条文にならないようにしなくてはいけない。ＬＧＢＴの悲劇を政治闘争の武器として使うのではなく、たとえアウティングされたとしても、それが何ら問題にならない社会の構築をわが国は目指すべきだと思います。

３-３　ＬＧＢＴは、本当に不幸なの？　～ＬＧＢＴにあこがれる若者の増加～

▩電通ダイバーシティ・ラボのデータの恣意性

さて、ＬＧＢＴ活動家が差別だと言えば議論すらできなくなる事例を具体的に説明しているわけですが、今度は２０２０年９月に騒動となった白石正輝《まさてる》足立区議の発言について見ていきましょう。

白石議員は当時79歳。連続11期務めるベテラン区議です。足立区議会本会議の一般質問で次のように発言しました。

《性の多様性だとかＬＧＢＴといわれて性の自由を尊重しようという地方自治体があちこちに今生まれつつある。こんなことはあり得ないことですけれども、日本人が全部Ｌ、男が全

部G、次の世代生まれますか？　一人も生まれないんですよ》

《子どもを産んで、育てることは経済的、社会的に大変かもしれないけども本当に素晴らしいことなんだ。本当に正しいことなんだ。そのことを教育の場、子どもたちにしっかり教えないと「L」だって「G」だって法律で守られているじゃないか、なんていう話になったんじゃ足立区は滅んでしまう》

これに対してLGBT活動家は猛反発。発言撤回と謝罪を求める3万3000筆超の署名を近藤弥生区長に提出し、白石区議は本会議で陳謝することとなりました。新聞やテレビも連日のように取り上げ、大勢の国民が「足立区民として恥ずかしい」「今の時代に合ってない」などと怒りを表明しました。

けれどニュースを見ていた私は、何か釈然としないものを感じていました。「LGBTが増えれば足立区は滅んでしまうとの認識が間違いなのはその通りなのだが、問題はではなぜ白石議員がそのような発想に至ったのかという点ではないのか？　そこが分からない限り何の解決にもならないのではないか？」と思ったのです。なぜなら私には、白石議員がどうしてこのような考えを持ったのかその理由がとてもよく理解できたからです。原因はLGBT活動家の情報発信のまずさにありました。

電通ダイバーシティ・ラボは、3年ごとにLGBT人口についてのレポートを発表しています。なぜ電通がこうした活動をしているのか。もちろん企業として調査内容を取引先に提供するというビジネス上の動機もあると思いますが、電通社員の中には複数のＬＧＢＴ活動家がいて、彼らと同じ思いを抱く仲間が世の中の空気を変えるために巨大広告会社の資本を活用する形で実施しているのだと私は想像しています。データは嘘をつかないと一般的には思われています。それが電通という老舗企業が発信したものであればなおさらです。マスコミも疑いなくこの結果を流していきました。ところがＬＧＢＴ当事者たちは「なにかおかしい」と心の中でずっと思っていた。なぜなら電通が発表するＬＧＢＴの人口は、２０１５年には7・6パーセント、２０１８年には８・９パーセントと、どんどん膨れ上がっていったからです（２０１２年には15・2パーセントという数値を出していましたが、当事者から「さすがにそれはない」と批判されたため、現在は調査方法を変えているようです）。

おそらく白石議員も、この電通の調査を知っていたのでしょう。右肩上がりのグラフを見て、ＬＧＢＴがまるで細胞分裂によって増殖するアメーバのように社会を侵食していく幻想を持ったとしてもおかしくありません。電通による大風呂敷の情報が「Ｌ（レズビアン）やＧ（ゲイ）が足立区に完全に広まってしまったら、子どもは一人も生まれない」「ＬだってＧだって法律で守られているじゃないか、なんていう話になったのでは足立区は滅んでしまう」との恐怖につながったのではないかと私は睨んでいます。

人生の機微を知るゲイの先輩たちは、電通の調査を半ば「ネタ」として捉えていました。自分たちの実感と違うことに早くから気づいていたからです。政治の世界では「数は力」とよくいいますが、ＬＧＢＴ人口が多ければ多いほどそれぞれの分野で影響力を持つことができます。企業に購買層としてのＬＧＢＴをプレゼンすることでレインボーパレードのスポンサーになってもらったり、テレビ局に視聴者としてのＬＧＢＴをアピールすることで当事者団体を取材してもらったり、政治家に票田としてのＬＧＢＴの存在を匂わせることで自分たちのための政策を作ってもらったり……。電通はそうした「政治」をやっているのだろうと腹に収めてきました。

電通がアンケートの設計を公開しないことも、疑心暗鬼を深めていく原因になりました。世論調査を見てもわかりますが、アンケートの結果はどのような質問をするかによって大きく変わります。「あなたはＬ・Ｇ・Ｂ・Ｔのうちどれですか」と聞かれても、性はグラデーションなので１００パーセント合致するわけではない。「わからない」や「バイ寄りのゲイ」との答えをどのセクシュアリティに仕分けるかで数字は異なり、そこには恣意性が入り込む余地があるのです。しかし、他組織の研究者がどんなに設計方法の資料を請求しても、電通はこれを頑なに拒み続けているのです。

ＬＧＢＴ当事者からの不信感を何とか払拭したいと思ったのか、２０１９年５月、電通ダイバーシティ・ラボは以下のような説明文をホームページに掲載しました。
《DDLの「LGBT調査」では、これまで便宜上、LGBTなどのセクシュアルマイノリティに該当する人を「LGBT層」と呼んでいました。これはニュースリリース（2019年1月10日付け）の注釈に記載のとおり、「セクシュアリティーマップ（セクシュアリティを身体の性、心の性、好きになる相手の性に分けたもの）」の2と10（ストレート：生まれた時に割り当てられた身体の性と性自認が一致しており、異性愛者である人）以外の方々と規定しています。従いまして、この「8・9パーセント」の中には、「クエスチョニング（Q）：自分の性自認や性的指向を決められない・決まっていない人」やその他も含まれています。そうした意味でも、DDLが2012年、2015年、2018年に行った「LGBT調査」は、実質的にはすべてLGBTQ+調査であったと言えます》
どんなに言い訳をしても、既存メディアがさんざん報道してきた「LGBTは8・9パーセント」「LGBTは13人に1人」との情報をなぜこれまで訂正してこなかったのかという疑問を拭うことはできません。やはりそこには電通の不作為があったのではないかと思わざるを得ないのです。

■若者の間ではLGBTであることはアドバンテージ

電通のデータの独り歩きに待ったをかけた組織がありました。それが、国立社会保障・人口問題研究所です。同機関は2019年11月、『大阪市民の働き方と暮らしの多様性と共生についてのアンケート』の集計を発表しました。有効回答4285人のアンケートによると、L・G・B・Tの合計が2・7パーセント、それにアセクシュアル（無性愛者）を含めると3・3パーセントだったそうです。またこの調査では「決めたくない・決めていない」も選択肢に入れてあり、この割合が5・2パーセントだったとしています。つまり一番多い層はXジェンダーと呼ばれる人たちであり、電通のいうLGBTにはこの人たちが入っていたので全体の数が増えていたのでした（別の試験的調査では、「決めたくない・決めていない」選択者の22～54パーセントは異性愛者である可能性が指摘されています）。

このXジェンダーというカテゴリーは男女のいずれか一方に限定しない性別の立場をとる人のことで、思春期の一時的な性の揺らぎから自分をそう規定する若者もいます。昔でいえば「シノラー」とか「不思議ちゃん」と呼ばれていた人たちです。性を苦手とする彼女たちは、そのキャラを演じることで性的会話を回避します。誰もが納得可能なキャラを確立することでクラスの中でのポジションを保つことができるからです。それは自分のホメオスタシスを維持する生存戦略でもあるわけです。成熟社会ではどこも思春期の期間が延びており、

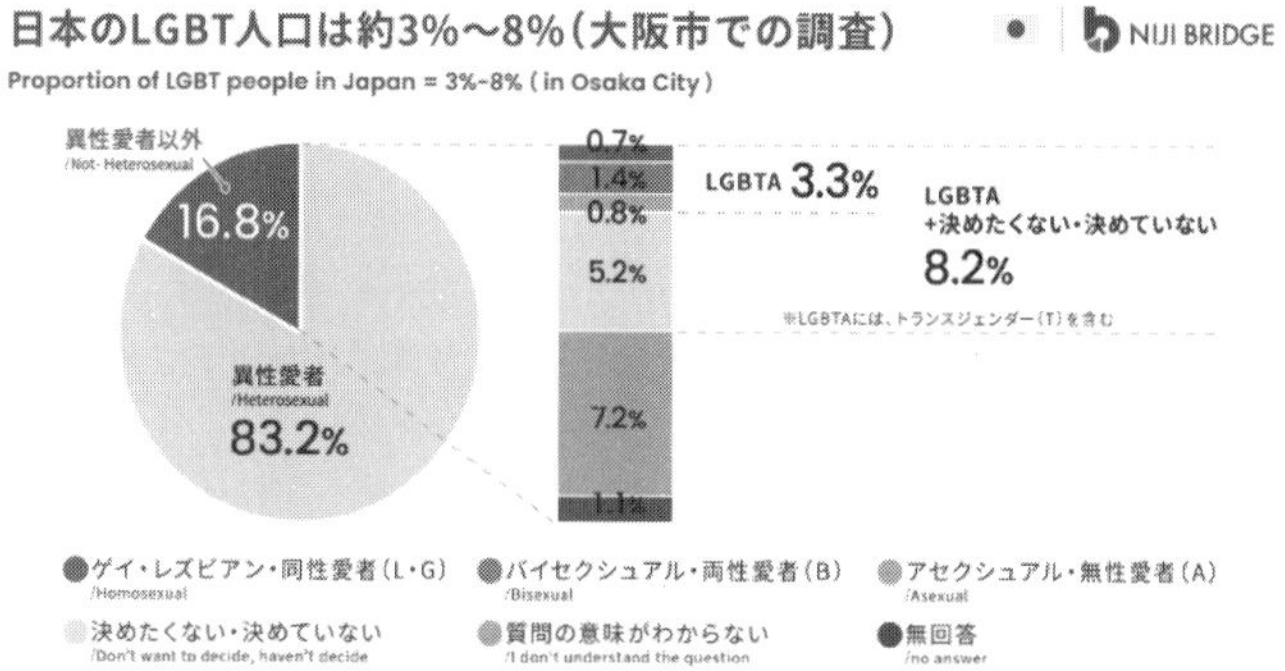

NIJI BRIDGEから引用
https://nijibridge.jp/data/715/

図１「決めたくない・決めていない」を選んだ理由の内訳（n=159）

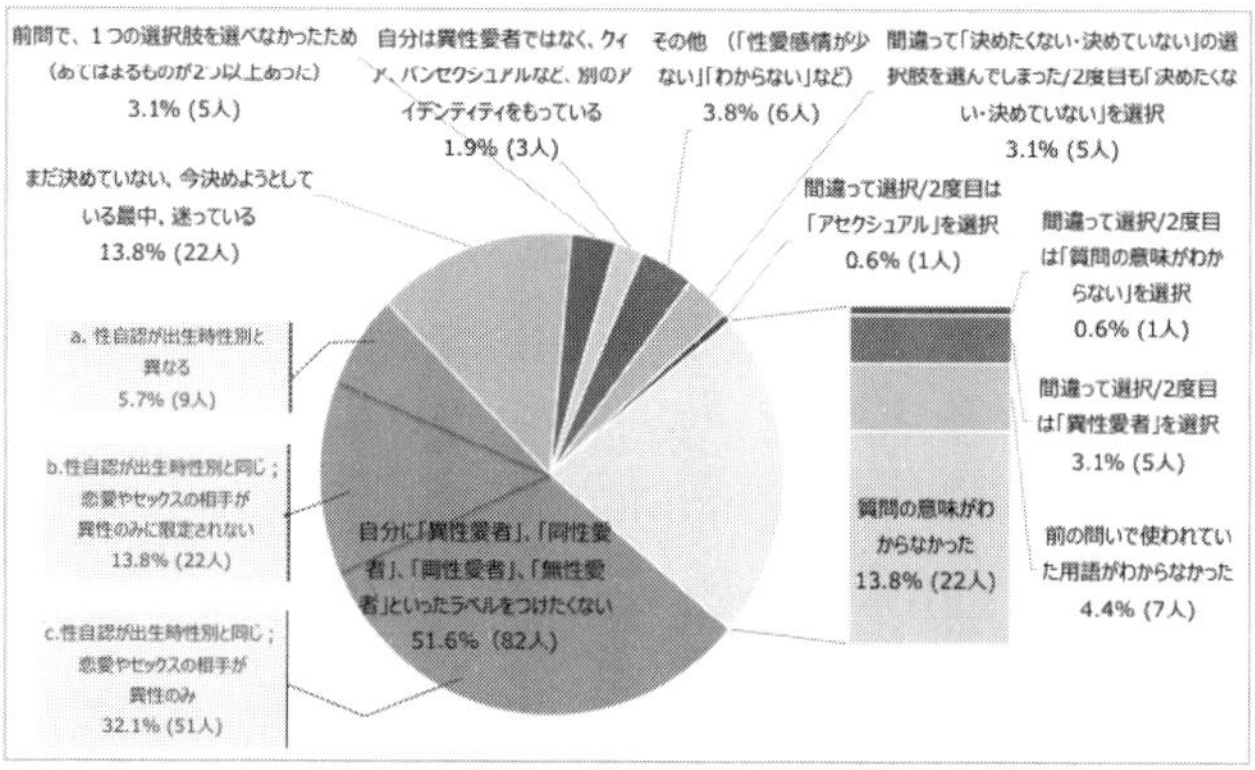

性的指向における「決めたくない・決めていない」の回答を探る―「性的指向・性自認に関する設問の改善に向けた試験的調査」の結果より―
http://www.ipss.go.jp/projects/j/SOGI/20200701_Report_on_Undecided.pdf

おそらくXジェンダーが増えている要因とも関係があるのではないかと思います。もちろんXジェンダーの中には性的理由からそう自己規定するしかない方々が一定程度いるわけですが、セクシュアリティとは関係のない人たちもXジェンダーとしてカウントしていいのか。議論が分かれるところです。

2018年の東京レインボープライドでBuzzFeedJapanが会場にブースを出し「#普通ってなんだっけ」というテーマで来場者に意見を聞いたことがありました。その中には異性愛者もいたのですが、彼らがスケッチブックに書いた回答は以下の通りです。

《『普通』なんて、変えちゃえ！！》
《むしろ変わってるのがサイコー！！！》
《『フツー』ってダサい！》
《普通じゃない↓個性的↓おしゃれじゃん♥》

若い人たちの間では今、LGBTであることは一つのアドバンテージだと受け取られているのです。学校からも社会からも学力と同時に個性を求められ、仲間内でもキャラによってカーストが決まる日常を若者は生きている。そんな彼らからは、LGBTはただLGBTに生まれたというだけで下駄をはかせてもらっている存在に見えるのかもしれません。輪郭のはっきりしない「透明な人」として生きるよりXジェンダーとして生きたほうがかっこいい、と。こうした若者を取り巻く環境が、Xジェンダーの数字を押し上げている背景にはあるのです。

ただし、LGBTにはセクシュアルマイノリティではない人も含まれているという話は鬼門です。パンドラの箱を開けてしまうことになるからです。たとえばレズビアンの中には、イデオロギーとしてレズビアンをやっている人たちがいます。1960年代、1970年代の学生運動は権力に「公正」を求めましたが、バリケードの内側で女性たちはお茶くみをやらされました。こうした状況において男性に対抗する政治コミュニティとして女性同士で暮らし始めた人がいたわけですが、彼女たちもレズビアンとして括られています。また、夫からDVを受け逃げてきた人が女性と暮らすようになり、彼女といるほうが心の安寧を得られるからとレズビアンを名乗っている場合もあります。たぶんほとんどの国民はLGBT＝性的マイノリティだと思っているのではないかと想像しますが、それが大いなる勘違いだとわかったとき、かなりのショックを受けるのではないでしょうか。でもよく考えれば当たり前なのです。LGBTだと分類されている人が「性的」マイノリティかどうかは本人以外にはわからないわけですから。また、アメリカの政治学者フランシス・フクヤマ氏は次のように分析します。

《ちょうど今、スタンフォード大学の私の講義受講の応募書類を読み終えたところですが、興味深いことには、多くの学生が自分を性的マイノリティと見なしたがる傾向があるのです。被害者集団の一員であるのはよいことだと考える。そんなふうに自分のアイデンティティをとらえるのが普通になっている。この風潮がもたらす結果は思ったより深刻かもしれない。反発が起きる可能性もあります。例えば、ジェンダーは完全に自分で決められるという考え方は、実際にはほとんど信じられていないはずです。そんなおかしな考え方には必ず反動が起きると思います。10年後には「こんな考えを押し付けようとしていた人たちがいたなんて信じられない」と言われるかもしれません。何が起こるかわからないのです》（『中央公論』2021年7月号）

フクヤマ氏の報告にもあるように、若者の現実逃避が性的マイノリティ人口を押し上げているのだとすると、政治が用意する処方箋は彼らを「多様性」の檻に入れ込むことではなく、自己肯定感を上げていくための教育プログラムのはずです。本来ならマスコミは白石議員の発言からここまでのパースペクティブを導き出さなければならないのですが、今回も国民の感情を焚きつけるだけに終わってしまいました。

電通は頭脳集団なので、当然こうした事情を踏まえているはずです。わかっていながら、あえて「LGBTは8・9パーセント」だと強調している。私はその気持ちも痛いほどわかる。なぜ彼らが印象操作をしなければならなかったのか。それは、そうしないと社会が振り向いてくれなかったからです。LGBTは1994年からレインボーパレードをやっているのに、状況は一向に変わらない。政治も動かない。であるならば、少しくらい話を盛ってでもインパクトを作るしかないではないか、と。だけどそれは、長期的に考えれば信用を失うことになります。

電通のデータを利用しながらLGBT活動家は企業に働きかけを行いました。ある航空会社は、LGBT活動家に言われるままにLGBT専用チャーター便を就航させました。ところが座席は半分しか埋まりませんでした。LGBT当事者の興味をひかなかったからです。どうして移動するためにわざわざ虹色の飛行機に乗らなければならないのか意味が分からなかったわけです。白石議員が性的マイノリティ人口は増えていると勘違いしたように、少なくない企業やマスコミがLGBT活動家の言葉を真に受けてしまっている。「弱者」の言葉が常に正しいとは限らないのです。

3-4 LGBT差別解消法案の孕《はら》む危うさ

■何が〝差別〟なのかあいまい

私は以前から、立憲民主党を中心とした野党が国会に提出しているLGBT差別解消法案には見逃すことのできない問題が内包されていると指摘してきました。杉田水脈氏の発言を受けて各地で行われた集会でも野党議員は「何としてもLGBT差別解消法を成立させなければならない」と意気込んでいましたけれども、多くの国民はそれがどんな内容なのか知らないのではないでしょうか。

いま国会には二つのLGBT法案が存在します。一つは先ほどから触れている野党の「性的指向又は性自認を理由とする差別の解消等の推進に関する法律案」(LGBT差別解消法案)。もう一つは、自民党が性的指向・性自認に関する特命委員会で検討している「性的指向及び性同一性の多様性に関する法律案」(LGBT理解増進法案)です。野党案は二度ほど国会に提出されましたが、与党が審議に応じず、国会閉幕と同時に廃案となっています。自民党案は特命委員会において法案のひな型は作られているやに聞いていますが、党全体のコンセンサスを得るための総務会にもかけられておらず、産みの苦しみが続いています。選択的夫婦別姓でさえも男女共同参画基本計画の書きぶりが後退する党内状況の中で、うまく環境を整えられるのかは未知数です（2021年の与野党修正案をめぐる攻防については後述）。

自民党案も野党案もそれぞれの正義から作られたものであることは間違いありません。しかし、たとえそれが正義の法案であったとしても「穴」が存在したのでは意味がありません。法律を施行した後に正義が暴走して問題が生じないよう国民目線からしっかりと精査をしなくてはならないと思うのです。

私は野党案の問題点は二つあると思います。一つ目は、何が差別に当たるのかが具体的に書かれておらず、恣意性が入り込む危険が放置されていることです。

野党案では、行政機関および事業者は性的少数者が差別だと感じる社会的障壁を除去しなければならないとし、社会的障壁の定義を次のように記述しています。

《この法律において「社会的障壁」とは、日常生活又は社会生活を営む上で障壁となるような社会における事物、制度、慣行、観念その他一切のものをいうこと》

「観念」というのは法律用語であり「認識」の意味だと思いますが、つまり心の中の状態にまで踏み込んでペナルティを課すことが目指されているのです。例えばマンガやアニメ、テレビドラマやCMなどでキャラクターが性別二元制に基づく何気ない性役割を演じているだけであっても、出版社や放送局に勤めるLGBTが「わが社の制作方針には性的マイノリティとして疎外感を覚える。日常生活に支障をきたすくらいショックを受けたので改善してほしい」と訴えれば、事業者に行政指導が入る可能性があるのです。欧米では白人、黒人、ヒスパニック系、アジア系を登場させるだけでなく、最近ではさまざまなセクシュアリティを持つ人たちもキャスティングしなければ差別だとされるようになりました。そうした状況を考えると、典型的家族を描く『サザエさん』などが俎上に挙げられることは間違いないでしょう。

野党案には国家主導でポリティカル・コレクトネス社会を作りたいという下心が透けて見えるのですが、私は「表現」についてはあくまでも市民社会での揉み合い、試行錯誤の末の自己決定を尊重すべきだと思います。なぜならそれが立憲主義だからです。

■政治利用される恐れがある

野党案の問題点の二つ目は、法律の構造的問題です。条文に明示されていない差別を、では一体どこで判定するのか。それは各都道府県に設置される性的指向・性自認差別解消等支援地域協議会においてです。構成員は、支援団体やその他の団体、学識経験者、その他当該国及び地方公共団体の機関が必要と認める者。ここに、その地域での差別案件が持ち込まれ、差別に当たるかどうかが話し合われるのです。また、その上位組織ともいえる中央の性的指向・性自認審議会の構成要件には「性的指向又は性自認を理由に差別を受けた者」も含まれており、調査権が与えられています。

自民党の古屋圭司議員（当時の性的指向・性自認に関する特命委員会委員長）は、これにはかつて大激論の上に廃案になった「人権擁護法案」と同じ構造的欠陥があると言います。古屋氏はまず、人権侵害の定義をあいまいなままにしていることが問題だと異議を唱えます。「人権侵害だから人権侵害だ」というトートロジーがまかり通ってしまうというのです。そして「人権擁護法案では国家の行政組織機構の三条委員会を作って、強制立ち入り権を緩めて、罰則規定まで設けるという法律を作る、と。心理的外傷を受けたといえば人権委員会への告発の対象となる。私は金正恩のことをいつも厳しくいっていますから、在日の方が『古屋さんは金正恩のことを悪く言ったので自分は心理的外傷を受けた』ということもできる。人権委員会に申し立てをして特別調査開始だということになったら、ある新聞の一面は『古屋圭司、人権違反』と書くでしょう。そうしたら政治生命終わりますから。（ＬＧＢＴ法が）そのようなことに絶対なっちゃいけないんですよ」と語気を強めるのです（『虎ノ門ニュース8時入り！』２０１６年3月4日）。

つまり、こういうことです。地域協議会メンバーにはＬＧＢＴ団体が入るのですが、いま存在するＬＧＢＴ団体はほとんどが左巻き。何をもって差別とするのかが決まっていない以上、どんな結論を導き出すこともできるわけです。自分たちの政敵を貶めることだって可能になります。その地域協議会に差別案件が告発されただけでマスコミは大騒ぎするでしょう。連日ワイドショーで放送され、協議の結果冤罪だったとわかっても後の祭り。なぜならマスコミのように発信できない事業者にとっては名誉の回復などできないからです。地域協議会に告発がなされた時点で社会的な死を意味するのです。刑事罰はなくとも差別者だとレッテルを貼られることの恐ろしさが分かっていただけるのではないでしょうか。

3-5 LGBTは「被害感情」でしか連帯できない？

■LGBT活動家、左派学者、左派メディアによる利益共同体

私も古屋議員と同じ危惧を抱いていました。この法案は網を広げすぎている。これが施行されれば自分と敵対する勢力を簡単に追い落とすことができるわけで、本当にそれが差別なのかどうか議論することさえできなくなってしまう。そう感じました。そして、AbemaTVでも同様の話をしたのです。すると、法案のからくりをばらした私にリベラル勢が激怒。全力で私に攻撃を仕掛けてきたのでした。

最初に嚙みついてきたのは、トランスジェンダーの活動家、遠藤まめた氏です。以前彼は

私の国会事務所を借りてロビイングのための資料を整理したりしていたのですが、私が落選すると急に態度が変わり、その不遜さに大変驚いたことがありました。

遠藤氏はバズフィードに寄稿し、私の発言が嘘に基づいたものだと言いがかりをつけてきました。それを妄信してしまった人によって記事は拡散され、私の信用は傷つけられました。遠藤氏の書き方は、いわゆるストローマン手法であり、私の言葉をわざと曲解し、ありもしない藁人形をわざと叩いてみせるというものです。

彼は、私が《「男性器のついたトランスジェンダーを女湯に入れないと差別になってしまう」と語った》といい、《野党が提出しているLGBT差別解消法案に関する議論において「手術を受けていないトランスジェンダー女性の女湯からの排除が差別である」なんて話はそもそも出ていない》と言い募るのです。それでは実際に私がどのような発言をしたのか見てみましょう。タレントのフィフィ氏とのやり取りを振り返りたいと思います（Nathan［ねーさん］のブログを参照）。

松浦大悟　今イギリスで大問題になってまして、実は、性同一性障害特例法が日本では2003年にできて、手術をすれば性別変更できるようになったんです。でも、それさえ差別だと、手術を健康な体に求めることは人権侵害だということで、手術をしなくても性別移行ができるようになってるのが世界の潮流なんですね。それで、性自認が女性だってなれば、男性器がついていようとも、女性更衣室に入れなければいけないとなってるんですよ。それに対してフェミニストが大反対をしてまして、冗談じゃないと、自分たちは性被害に遭っている人たちがいっぱいいて恐怖を感じると、そういう人たちを出てけということを言っているんだけども、これは差別に当たるわけです、そういう法律ができるとね。日本でもそういう要求があるわけですよ。まったくそういうことが考えられずに今の野党案は議論が進んでいるので、私はもっと立ち止まって、そういう議論すべきだと思うんです。

フィフィ　ジムとかに行ったときにね、たとえば更衣室にやはり男性器の人が来て、自分の意識としては女性だからって言われてもこっちにも選ぶ権利があるとか、そういうのもあるから難しい。

松浦　銭湯があるでしょ、温泉あるでしょ、それどうするのかと。でもそこに男性器がついている女性だって言っている人を入れなければそれは差別だってことになるわけですよ、ＬＧＢＴ差別解消法ができればね。そこはやっぱり議論のテーブルに乗ってないんですよ。

これを見ると私は、性別適合手術を受けなくとも本人の性自認の申告だけで性別変更可能になるという海外の事例を紹介したうえで、そのような法律ができてしまうとどうなるかという将来予測として議論しているのが分かると思います。

その上で、野党のＬＧＢＴ差別解消法に基づくと、男性器がついていても、性自認が女性だと言っている者であれば、女性更衣室や温泉に入ることができる、そういう人を拒否すればそれは法的な扱いとして差別とされてしまう、という問題提起をしているのです。

私が「男性器がついている女性だって言っている人」と発言していることに注目してください。これには二通りの意味があり得ます。

①真のトランス女性

②トランス女性を装った女装家男性

※トランス女性とは、生まれた時に割り当てられた性別は男性だが、性自認は女性である人のことです。見た目はおじさんから女性に見える方までさまざま。

性別適合手術が求められずに自己申告のみで性別を法的に変更可能な世の中になった場合、両者はどうやって、どの時点で判別すれば良いのでしょうか？

だから「この点についての議論がまったくないので議論しましょう」と呼びかけているのです。

私が「議論がなされてないから議論しよう」と言っているのに「そんな議論は無い」というのは、まったく意味不明です。

しかも、私は「手術をしなくても性別移行ができるようになってるのが世界の潮流なんですね」ということを紹介しつつ述べているので、その可能性を全否定しているのではないのです。

この騒動に便乗してきた人がいました。同志社大学教授の森千香子氏です。彼女は朝日新聞の紙面に私の発言が差別的であるとする論稿を書きました。これはバズフィードに掲載された遠藤氏の記事をもとにしたもので、私への取材は一切ありませんでした。

森氏は「遠藤氏によると、番組での発言を見る限り、ゲイ男性であることを公表している松浦氏は、トランスジェンダーについてよく知らない可能性が高い」と私を罵りました。トランスジェンダー当事者ではない松浦にはこの問題について語る資格がないと言いたいのでしょうが、LGBT差別解消法ができればその法律は全国民に適用されます。その意味において、わが国に住むすべての人が当事者なのです。だからこそ、トランスジェンダーの問題は国民全体で考えなければならないのです。抽象度を一段上げれば誰もが「当事者」だということに気づかず排除的にふるまう森千香子氏のほうが問題です。

後日私は朝日新聞に電話し、反論記事を書かせてほしいとお願いしたところ、「読者欄に投稿してください、選ばれるかどうかはわかりませんが（笑）」と屈辱的なことを言われました。ＬＧＢＴ活動家、左派学者、左派メディアによる利益共同体が完成してしまっているのです。

３-６　論争「岸和田だんじり祭りはＬＧＢＴ差別か」

尾辻かな子議員に全国から批判の矢

私に絡んできたのは、この二人だけではありません。なんと衆議院議員の尾辻かな子氏までもが、参戦してきたのです。キーワードは「岸和田だんじり祭」です。

前節冒頭にＬＧＢＴ差別解消法案について説明したことを思い出してください。本法案は、行政機関及び事業者は性的少数者が差別だと感じる社会的障壁を除去しなければならないとして、「社会的障壁」の概念を以下のように定義しているのでした。

《日常生活又は社会生活を営む上で障壁となるような社会における事物、制度、慣行、観念その他一切のものをいう》

例えばこの中に「慣行」という言葉がありますが、これに該当するものとして地域のお祭りも入る可能性があります。毎年9月に大阪府で行われる岸和田だんじり祭には、颯爽《さっそう》と走る男衆の姿を見ようと全国から観光客が訪れます。このだんじりの屋根には、女性は乗ることができません。だんじりを曳くことも女性は18歳くらいまでとされており、あとは男性をサポートする側に回るのが通例です。こうした祭りのあり方に対し、もしＬＧＢＴが「私たちをだんじりの屋根に乗せないのは差別だ」と訴えれば、岸和田の人たちは法律に従うしかなくなるでしょう。

そう警告する私に、尾辻氏が放った言葉は次のようなものでした。

《「男性」しか参加できない祭りがあるとするならば、「男性」しか参加できないという慣行は、ＬＧＢＴ差別解消法案に定める「社会的障壁」に当たる可能性はあります。しかし、だからといって、その慣行を直ちに除去しなければならないということを、ＬＧＢＴ差別解消法案は定めているわけではありません》

詰まるところ、これがＬＧＢＴ差別解消法の正体なのです。法の運用も解釈も「アタシたちの仲間が決める」と尾辻氏は言外に言っているわけです。私は畳みかけるように、尾辻氏に質問しました。

《ということは、立憲民主党は岸和田だんじり祭は差別に当たると認識しているわけですね。地元の皆さんに「あんたたちのだんじり祭りは差別に当たるが、今回の法案では適用はしない」と説明したのでしょうか？　こんな重要情報を隠したまま法案を通そうとしているので

しょうか?》

私の問いにははっきりと答えられない尾辻氏に対し、全国各地から批判の矢が飛んできました。それはそうでしょう。それぞれの地域には自分たちが誇りとしているそれぞれの祭りがあり、その日のために皆さん1年かけて準備をしているのですから。

「可能性があるってことは、いくらでも恣意的に運用できるでしょ。話にならない」

「直ちにも何も、慣習として続いてきたものを新しく作る法律で差別認定される可能性がある時点で論外」

「【悲報】だんじり祭り終了のお知らせ」

「尾辻かな子議員は『男のみ参加のお祭りはLGBT差別だけど、伝統などの理由があれば認めてあげなくもない』と、上から目線で言っているわけですね」

ツイッターで皆さんから寄せられたご意見を、私は頷きながら読んでいました。LGBT差別解消法案は理念を先行させたあまり、私たちが本当に守らなければならないものを忘れてしまっていたのです。

しかし大阪の皆さんは、そもそもこうした情報をご存じなのでしょうか。尾辻氏から説明は受けていらっしゃるのでしょうか。差別解消の美名のもと、祭りのあり方まで変えてしまう恐れのあるLGBT差別解消法は方法論としてかなり荒っぽい。立憲主義でも民主主義でもありません。先代から引き継いだ志を、責任をもって次世代へとバトンタッチしていくのが伝統です。地域の人々の感情を無視して進める改革は必ずしっぺ返しを受けます。

祭りだけではありません。タカラヅカの慣行はどうなるでしょうか？　歌舞伎の慣行は？　大相撲の慣行は？　温泉は？　銭湯は？　挙げればきりがありません。当然ジャニーズ事務所にだって指導が入る可能性はあります。なぜならジャニーズ事務所も「事業者」なのですから。誰かが「所属タレントに生得的男性しか採用しないのは差別だ」と地域協議会に持ちこめば、マスコミは情報番組で意地悪く取り上げるでしょう。こうした事態を避けるためには条文に一言「芸能や興行、地域のお祭りや伝統行事については適用外」と書けばいいだけのことなのですが、なぜか野党はそれをやろうとしない。

どの法律でも立法過程においてはリスクマネージメントの観点からの議論が行われるものです。ところがＬＧＢＴ差別解消法案にはその痕跡がありません。差別解消を扱う法案が悪いものであるはずがないとの思い込みが野党議員の中にはあるのではないでしょうか。差別という言葉で思考停止になってはならないと、改めて強く思います。ＬＧＢＴ活動家の遠藤まめた氏、左派学者の森千香子氏、立憲民主党の尾辻かな子氏。私はこの3人によって差別主義者に祭り上げられようとしました。彼らのような「有識者」が地域協議会の委員になり、誰が差別者かを恣意的に決めていくことができるのがＬＧＢＴ差別解消法なのです。自民党はLGBTを差別しているから野党案を阻止しているのではありません。このような問題を包含しているので認められないといっているのです。遠藤氏、森氏、尾辻氏自身が身を挺して、この法律の本当の怖さを余すところなく伝えてくれました。さあ、今度はあなたがターゲットになる番かもしれません。

自民党案のほうが問題意識が上

さて、野党案より100倍マシだと思う自民党案ですが、問題はこの罰則規定のない理念法でさえ党内ではラディカルすぎるといわれているところです。今度こそ法案を国会に提出すると何度も記者会見は行われてきましたが、いつも別の要因によって後回しにされ、いまだに実現していません。LGBT当事者からは「やるやる詐欺だ」と囁かれるようになりました。一歩かじ取りを間違うと法案そのものが潰されてしまう。いろいろな支持母体を抱える巨大与党の難しさを感じます。

自民党が目指すのは「カミングアウトする必要のない社会」です。個々人にカミングアウトのリスクを背負わせるのではなく、社会の側の意識を変えてLGBTの存在が当然のものとして受け入れられるようにしようというわけです。

いま多くの企業がLGBTへの取り組みをはじめていますが、担当者の一番の悩みは当事者社員が名乗り出てくれないことだそうです。確かにまだまだ差別への恐れがあり、名前を明かしにくい状況ではあるのですが、もう一つの理由として下駄を履かせられることへの抵抗感があるようです。仕事で評価してもらいたいのに、周りから「あの人はＬＧＢＴというこことでのプラスアルファがあったのではないか？」と疑いの目で見られることが耐えられないのだそうです。

考えてみれば、セクシュアリティは私たちのアイデンティティを構成する一部分にすぎず、会社員としての自分、家族としての自分、友人といるときの自分、町内会でボランティアをしているときの自分など、いろんな要素で出来上がっています。ＬＧＢＴはそのすべての場面でカミングアウトをしているわけではありません。一貫したアイデンティティが課されることの功罪へも目配りしながらまとめられた自民党基本方針は、その部分においてクィア・スタディーズ（性的マイノリティを扱う学問）の問題意識と重なるのです。そうした理想も、法案が上がってこなければ絵に描いた餅。とても悩ましいところです。

【補足】ＬＧＢＴ理解増進法のその後

２０２１年５月14日、超党派の「ＬＧＢＴに関する課題を考える議員連盟」で与野党協議が行われ、自民党案のＬＧＢＴ理解増進法に「性的指向及び性自認を理由とする差別は許されない」との文言を盛り込むことで手打ちがされました。これを受けて自民党では20日に、性的指向・性自認に関する特命委員会と内閣第１部会との合同会議を開催。ところが慎重論が続出し、了承は見送られることとなりました。その後の記者からの取材で、山谷えり子議員は「アメリカでは学校のトイレで、いろんなＰＴＡで問題になったり、女子の競技に男性の方が心が女性だからといって参加してメダルを取ったり、そういう不条理なこともある」と答え、「性自認」という概念に基づく法律を施行した場合どのような社会現象が起こるか海外から学ぶ必要性があると訴えたのですが、この発言が差別に当たるとマスコミによる批判報道が始まったのです。しかし、山谷議員の主張は本当に差別だったのでしょうか。

性別適合手術を受けなくても性別変更できる国は40か国以上あり、そのことによって混乱が生じているのは事実です。山谷議員の言葉はまさにこうした問題意識を反映したものだったといえるのではないでしょうか。今回の騒動は右派vs左派の構図で捉えられるものではありません。１９９０年代の性教育に対するバックラッシュとも質が異なります。なぜならこれはトランスジェンダーの人たちを排除しようといった話ではなく、トランスジェンダリズム（「私の性別は私が決める」というイデオロギー）への異議申し立てだからです。法的性別を「自認」に依存させるやり方には抵抗感があると、多くの生得的女性たちも非難の声を上げ

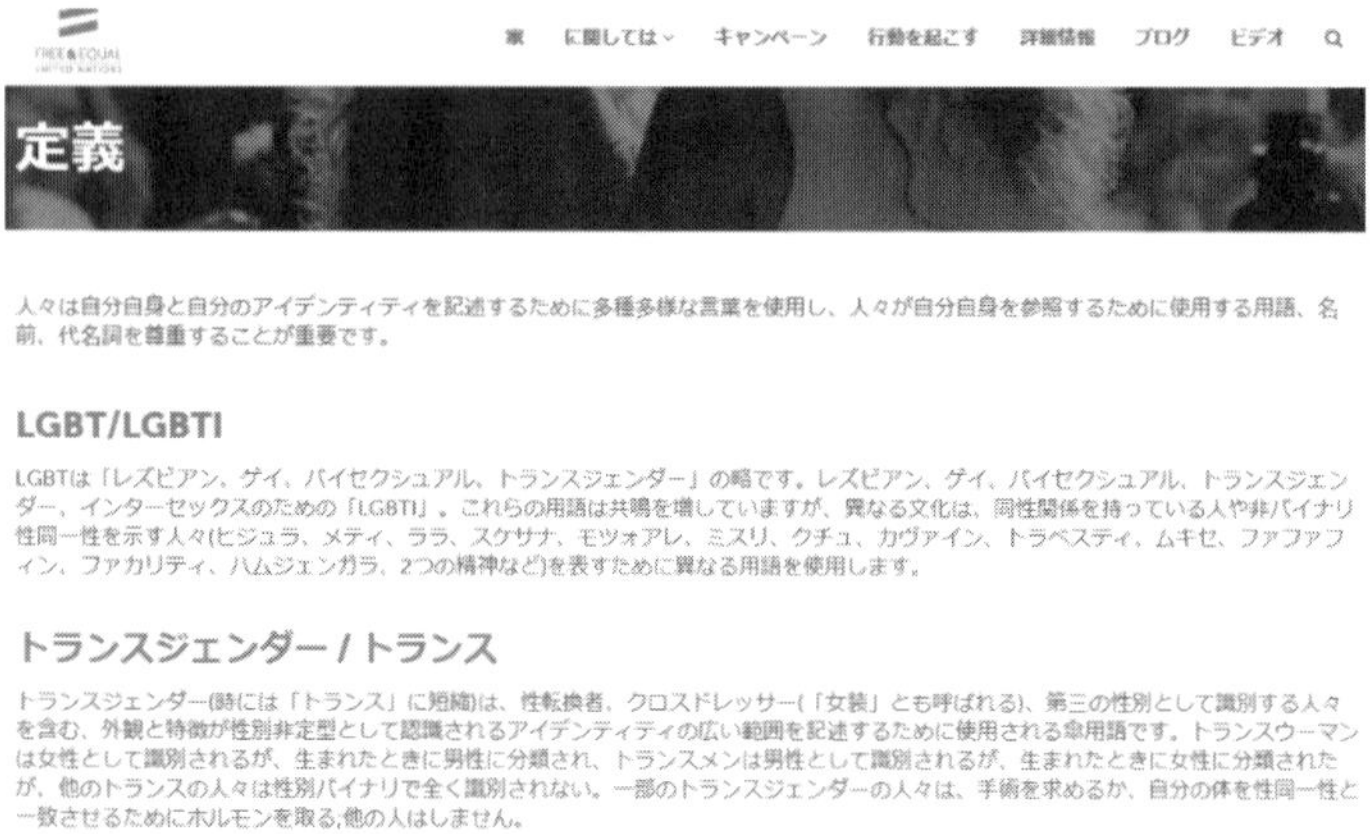
家　に関しては　キャンペーン　行動を起こす　詳細情報　ブログ　ビデオ

定義

人々は自分自身と自分のアイデンティティを記述するために多種多様な言葉を使用し、人々が自分自身を参照するために使用する用語、名前、代名詞を尊重することが重要です。

LGBT/LGBTI

LGBTは「レズビアン、ゲイ、バイセクシュアル、トランスジェンダー」の略です。レズビアン、ゲイ、バイセクシュアル、トランスジェンダー、インターセックスのための「LGBTI」。これらの用語は共鳴を増していますが、異なる文化は、同性関係を持っている人や非バイナリ性同一性を示す人々(ヒジュラ、メティ、ララ、スケサナ、モツォアレ、ミスリ、クチュ、カヴァイン、トラベスティ、ムキセ、ファファフィン、ファカリティ、ハムジェンガラ、2つの精神など)を表すために異なる用語を使用します。

トランスジェンダー / トランス

トランスジェンダー(時には「トランス」に短縮)は、性転換者、クロスドレッサー(「女装」とも呼ばれる)、第三の性別として識別する人々を含む、外観と特徴が性別非定型として認識されるアイデンティティの広い範囲を記述するために使用される傘用語です。トランスウーマンは女性として識別されるが、生まれたときに男性に分類され、トランスメンは男性として識別されるが、生まれたときに女性に分類されたが、他のトランスの人々は性別バイナリで全く識別されない。一部のトランスジェンダーの人々は、手術を求めるか、自分の体を性同一性と一致させるためにホルモンを取る;他の人はしません。

国連人権高等弁務官事務所

https://www.unfe.org/definitions/

ています。その中には共産党を支持している女性たちもいる。そして重要なポイントは、少なくないトランスジェンダー当事者がトランスジェンダリズムを推し進める学者や活動家に「それはおかしい」と反対していることなのです。

日本の研究者の中には、不信感を抱く保守層を懐柔するために「性自認が男性の女装家はトランスジェンダーには含まれない」と説明する人もいます。しかし、それは単なる自説に過ぎず、国内での共通認識になっていないばかりか海外では差別発言となることに気づいていません。上の国連人権高等弁務官事務所のサイトを翻訳した画像を見てください。

国連の定義では、クロスドレッサー（女装）もトランスジェンダーとして分類されていることが確認できます。そもそもトランスジェンダーコミユニティの始祖ヴァージニア・プリンスは2回女性と結婚している異性愛者のクロスドレッサーだったわけで、「彼女のようなタイプはトランスジェンダーではない」などという主張が海外メディアで伝えられれば大変なことになるでしょう。

法改正をして自己申請で戸籍の性別変更ができるようにしたい人たちは問題を覆い隠すことに必死で、たびたび論理矛盾に陥っているように思います。例えば毎日新聞は人権派弁護士のこんなコメントを紹介しています。

ヴァージニア・プリンス
『Pioneer of Transgendering』

《「トランスジェンダーかどうかは、性別変更の有無やホルモン治療歴などを調べればすぐにわかります。実際に男性が女性のふりをして施設に不法侵入するケースがあったとしても、トランスジェンダーとは切り離して議論すべきです」》

これに対して武蔵大学の千田有紀教授は、自らのFacebookで次のように不快感を表明しました。

安冨歩『ありのままの私』（ぴあ、2015）

《トランスジェンダーを性別変更の有無やホルモン治療歴で他者が判別するのって、差別に当たりませんか？　あくまでもそのひとが、どのような性自認（gender Identity）を持つのかを尊重することが大切であって、他者が「あなたは本当のトランスジェンダーじゃない」とか決めつけるのって、差別なのでは？　例えば安冨歩氏は、この定義だとトランスジェンダーから外れてしまうけれども、彼女が自身を「女性」だと認識している限り、私は尊重すべきだと思いますけど》

つまり彼らは、事の本質から国民の目をそらせようとするあまり、トランス当事者の中に新たな分断線を引いてしまっているのです。

では、どうするか。簡単に答えの出る問題ではありませんが、私はEテレの『バリバラ10年目SP　#2 自分らしさって!?多様な性と多様性』で特集されたタレントのはるな愛さんの生き方が一つのヒントになると感じています。

子どもの頃から男として生まれたことに違和感があったはるなさんは、高校中退後、女性として生きると決心。ショービジネスの世界へ飛び込み、性別適合手術も受けました。タイで行われたトランスジェンダー女性のコンテストでは世界一になり、多くの当事者に感動を与えてきました。ところが彼女は、「性別適合手術をしたら悩み事が無くなると考えていたけど、生理がくるわけでないし、本当の女の子の体にはなれないとわかった」と心境を吐露。「大西賢示」として生きてきた過去も自分の中の大切な部分だと明かします。

　そして、「お仕事で男性の服装をする機会があったのね。そうしたら、目線まで男みたいになって女の子のミニスカートに目が行ったりしたの」と、最近では女性との恋愛も意識するようになったことを告白するのです。ひょっとしたら、はるなさんの性自認は揺らいでいるのかもしれません。戸籍上の名前は本名の大西賢示のままで、性別も変更していないはるなさんは、「トランスジェンダー＝〝女になりたい人〟と見られることが生きづらさにつながっている。自分は自分らしく生きられていないのかも」と、社会と個人のより良い関係性について考えを巡らせます。

『バリバラ10年目ＳＰ』に出演するはるな愛さん
https://www.nhk.jp/p/baribara/ts/8Q416M6Q79/ blog/bl/pLX3Q03nzZ/bp/pwYB0eW30k/

　毎日新聞の弁護士の提言に従って法律を制定すれば、どんなに頑張って性自認だけで戸籍を変えたとしても女性器／男性器を除去していない以上は男湯／女湯を利用することはできない。これはトランスジェンダーにとってみれば「あなたは本物の男／女ではない」と国民全体から言われていることと等しい。こんな悲しい法改正があっていいのかと思います。トランスジェンダーに寄り添ったつもりが、逆に差別を生み出す結果になっている。

はるな愛さんは、トランスジェンダー＝〝女になりたい人〟と見られることが生きづらさにつながっていると述べました。もしそうだとしたら、無理に戸籍の書き換えを目指さなくてもトランスジェンダーがトランスジェンダーのままで生き生きと暮らせる社会の在り方を我々は模索すべきではないでしょうか。もちろんこれは、性同一性障害のように身体に何とも言えない違和を抱えている人たちの適合手術を阻むものではありません。ホルモン療法の保険適用の実現に水を差すものでもありません。これまで「差別だ！」と封じられてきた議論の中にも見るべきものがあるのではないかという提案なのです。

第4章

保守の立場から説く、新しいLGBT論

4‐1 アメリカ国務省主催、第1回LGBT研修生として私が学んだこと

ここで、私が日本人として初めてIVLPのLGBT研修に参加したときのお話をしましょう。

■IVLPという人物交流プログラム

IVLP（International Visitor Leadership Program）とは、アメリカ国務省主催の1940年から続く人物交流プログラムです。さまざまなジャンルの専門家が世界各地より毎年4000人以上参加しています。日本からは年間40～50人が訪れているとのこと。過去にはイギリスのサッチャー元首相やブレア元首相、海部《かいふ》元総理や小池百合子都知事、作家の大江健三郎氏、村上春樹氏なども参加されたという歴史あるものです。

私たちのグループのテーマは「人権」でした。LGBT研修第1期生として、松中権《ごん》氏（認定NPO法人 Good Aging Yells 代表、元電通）、小野春氏（にじいろかぞく代表）、井戸まさえ氏（元衆議院議員）、そして私の4名が選ばれ、2013年8月から9月にかけて3週間視察を行いました。

ちなみに第2期生として選ばれたのは、村木真紀氏（特定非営利活動法人虹色ダイバーシテ

ィ代表）、南和行氏（弁護士、なんもり法律事務所）、小嵒《こいわ》ローマ氏（NPO法人 Rainbow Soup 代表）、牧園祐也氏（Love Act Fukuoka 代表）、石崎杏理氏（FRENS 代表）の5名です。2015年7月に3週間、視察を行ったそうです。

この研修では旅費、ホテル代などは、すべて米国務省が負担。それぞれにキャッシュカードが支給され、その金額の中から生活費を賄うように言われました。

誘われたきっかけは、2012年にアメリカ大使館から私の国会事務所に電話がかかってきたことです。日本で選ばれた4名の中に自分が入っていたことのうれしさと責任感。これまで国会でLGBTについて取り組んできたことをちゃんと見てくれていた人がいたのだと感激しました。IVLP研修に参加する議員はほとんどがまじめに学習するわけではなく、骨休み感覚だと聞かされていましたが、私は根っからの真面目体質と好奇心から、寝る間を惜しんでいろんなことを吸収してやろうと意気込んでいました。

アメリカ大使館から研修の話を聞いたとき、迷いがなかったわけではありませんでした。なぜならネットで調べると、IVLPはアメリカによる洗脳プログラムだという記事があったからです。でもすぐに気持ちを切り替え、「やれるもんならやってみろ。逆にこっちが利用してやる」と思いました。そりゃ、アメリカにはアメリカの思惑があるに決まっている。でなければ、米国民の税金を使ってやる理由がありませんから。それを真に受けるかどうかはその人次第なわけです。どこで聞きつけたのか反米思想の評論家で元外交官の孫崎享《うける》氏もツイッターで、IVLPに参加した人間は米国の犬になると私を批判していましたが、残念ながら私はそんなに素朴な人間ではありません。アメリカの良いところは素直に参考にすればいいだけ。福島瑞穂氏だって過去にIVLPに行っているが、ばんばんアメリカ批判をやっているではないか。そう自分を勇気づけました。

英語ができない不安もありました。でも大使館の職員が、「通訳が2名ついているので大丈夫です。しゃべれない方でも参加なさっています」とおっしゃったので安堵しました。通訳の一人は白人のアメリカ人で初老の方。日本に住んでいたことがあるそうです。もう一人は30代くらいの日本人女性で、ご主人も現地で仕事をしているとのことでした。お二人とも何回もIVLP研修の通訳をやっており、慣れている様子でした。通訳さん自身が毎回の研修を通していろんなことを勉強したいという人たちで、事前にLGBTについても勉強して臨まれたようでした。空港での手続きなどは通訳ができるだけ手伝わないようにという規約があり、私たちだけでやるように指示されました。

4-2 国家を強くするLGBTの存在

■キング牧師のいた国で

さてここからは、私の日記をもとに印象的だった研修を振り返ってみたいと思います。オバマ政権下でのＬＧＢＴの現場がどのようなものだったか、雰囲気を感じていただけたら幸いです。

【ジョージ・メイソン大学メイヤー准教授】

２０１３年８月27日

今日のＩＶＬＰプログラムは、ジョージ・メイソン大学のメイヤー准教授から、連邦制のプラス面とマイナス面についてお話を伺いました。メイヤー准教授は「今はアメリカ政治の危機。アメリカが二つに割れてしまい、まるで南北戦争。州政府ではなく中央政府の力をもっと強くしていかなければならない」といいます。私が「オバマ大統領は、リベラルな（青の）アメリカも、保守の（赤の）アメリカもない。あるのはアメリカ合衆国だと言いましたが、そうはなっていないということでしょうか？」と聞くと、「オバマになってから、状況はもっと悪くなった」と即答。青のアメリカからは、暮らしにくくなったと感じる保守系の住民が流出し、また反対に赤のアメリカからは、同じように暮らしにくくなったと感じるリベラル系の住民が大量に出て行く。結果、純化路線がどんどん進むという現象に歯止めがかからなくなっているそうです。メイヤー准教授は、いま必要なのは「統合」なのだということを強調されていました。

【ジョージ・ワシントン大学ケイン教授】

２０１３年8月28日

米国でのＩＶＬＰプログラム、今日はご自身もゲイであるジョージ・ワシントン大学のティモシー・ケイン教授から、社会的進歩のための条件、①社会通念、②法律・援助金、③政策と手続きについて、具体例を交えながら教えていただきました。ケイン教授は「性的マイノリティの権利向上のために、自分は男としての特権、白人としての特権を利用していく」と胸を張っておっしゃっていました。ゲイ中心主義だと切り捨てるのではなく、いかに味方を作っていくかということ。「権利を勝ち取るためには味方が必要。ケンカですから。かつてワンダーウーマンは女性解放運動の象徴だった。しかしいまではＬＧＢＴ運動の象徴になった。みんなで一緒にやらなければ力にはならない」。経験に基づく深いお話を伺うことができました。

【ワシントンのゲイカップルと食事】

2013年8月28日
今日はワシントンDCで結婚生活を送るふた組のゲイカップルと晩御飯を食べました。14年間付き合って今年8月9日に結婚したばかりのアレックス氏（外交官）と小林秀太氏。そして2008年に結婚したジェイソン氏（外交官）とイヴォ氏（水泳選手）も駆けつけてくれました。結婚防衛法に対する違憲判決がアメリカ連邦裁判所で出され、「チェンジが始まった。ふつうの結婚と同じ」とジェイソン氏はいいます。私たち一行をホテルまで送ってくれたアレックス氏と小林氏が二人仲良く帰って行く後ろ姿を見送りながら「こうして二人を見ているだけで、なぜか幸せな気持ちになるよね」と誰かがつぶやきました。

【ヒューマン・ライツ・キャンペーン】

2013年8月28日
アメリカの人権団体ヒューマン・ライツ・キャンペーンは、LGBTに対して理解のある企業のリストを公表していることで有名ですが、フルタイムで働くスタッフを150人抱える巨大組織です。その他、33の都市にボランティアが多数存在するそうです。収入は毎年5000万ドル。全収入の8パーセントが企業献金にあたるとのこと。ヒューマン・ライツ・キャンペーンには政治活動委員会という組織があり、LGBTをサポートする候補者に推薦を出し、金銭面からも各選挙の支援を行っています。「2012年は100人くらいに推薦を出し、80～90パーセント当選させた。200万ドル使った。大統領選挙がある年はだいたいそれくらい」「議会はほとんどがストレート。十分な数を当選させるためにはLGBTの当事者でなくても、LGBTをサポートする人であれば献金を出す。もちろん共和党の候補者にも。外交・安全保障などでの違いはもちろんあるが、私たちはLGBT政策だけにフォーカスしている」。

【キング牧師の夢。私たちにはまだやらなければならないことがある】

2013年8月29日

アメリカで人種差別の撤廃を訴えたキング牧師が、首都・ワシントンで大行進を行ってから28日でちょうど50年。それを祝して行われたジョージ・ワシントン大学での記念式典では、公民権運動の歴史をまとめた映像が会場に流され、ゴスペルがさらに客席を盛り上げ、多くのみなさんが抱き合ってこの日を噛みしめていました。

それに先立って行われたIVLPプログラム、今日はLGBTの家族をサポートするFAMILY EQUALITY COUNCIL で研修を行いました。「法律を変えることのカギ、文化を変えることのカギは、考え方を変える、心を変えること。キング牧師はすばらしい演説で人の考え方を変えた。だから法律が変わった。私たちもその伝統を受け継いでいる。LGBTの権利は人権です。キング牧師の夢。私たちにはまだやらなければならないことがある」。私にも夢がある。やらなければならないことがある。何としても国政に戻らなくてはならない。その思いを強くした夜でした。

【LGBTステップファミリー】

2013年8月29日

「私の母さんはレズビアンだ。私は母さんを守りたい。だから活動している」。ヒューマン・ライツ・キャンペーンで働く23歳の彼女のまっすぐな眼差しに、小野春さんは涙をこらえることができませんでした。IVLPプログラムに一緒に参加している小野さんは、「にじいろかぞく」という団体でLGBTステップファミリーの問題に取り組んでいます。LGBTステップファミリーとは、離婚後子どもを連れて同性パートナーと一緒に暮らすことになった家族のこと。小野さん自身も、ご自分のお子さんと、Xジェンダーのパートナーのお子さんたち、合わせて家族5人で暮らしています。LGBTステップファミリーの問題は、日本ではほとんど取り上げられることがありません。小野さんも「小さなお子さんがいるケースは知っているが、ヒューマン・ライツ・キャンペーンの彼女のような年齢になったお子さんの話を聞くのは初めて」だといいます。きっと涙の理由は、ご自分のお子さんが大きくなった時の姿と重なって見えたからではないかと思いました。私たちのプログラムはスケジュールがみっちりと組まれており、なかなか家族に連絡を取ることもできない。夜中わずかな時間を見つけては、子どもたちとスカイプで話をするようつとめている小野さん。小野さんたちのような家族が生きやすい社会を作ることが政治の役割なのだと、改めて感じました。小野さんの涙、私は忘れない。私たちの世代が頑張れば、きっと日本はよくなる。その日を信じて。

【ヴィクトリー・ファンド】

2013年8月30日

ワシントンDCにあるヴィクトリー・ファンドは、LGBTの候補者に政治献金を行い、これまで多数当選に導いてきました。21年前に創設者のライアン・ボンドが政治献金のための基金を作ったのがヴィクトリー・ファンドの始まりでしたが、もうその頃からLGBTのための部門は存在していたそうです。まず、理事会で誰を推薦するのかを決め、関心のある財団に説明に行き、助成をお願いします。そして候補者を、「LGBTの候補者」としてトレーニング。人材派遣なども含めた統括的支援を行っていきます。全米の議員数は2万50

００人。そのうちＬＧＢＴの議員は５３５人。ヴィクトリー・ファンドがバックアップし当選させたＬＧＢＴの議員は、２０１２年には１２３人。実に推薦を出した議員の68パーセントを議会に送り出すことに成功しました。いまニューヨークでは市長選挙が行われていますが、これまで市議会議長を務めてきたレズビアンの候補者クイン氏には30万ドルを集めました。そして、トランスジェンダーとしてニューヨーク市議に立候補しているメル・ワイモア氏にも資金提供を行っています。スタッフの方に「私にはなぜそんなにお金が集まるのかわかりません。アメリカはそんなにお金が余っているのですか？　日本は長年経済が低迷し、どんなに目的が素晴らしくても、企業はお金を出す体力がありません」と質問したところ、「私たちは、これでも足りないと思っているけど？」と笑われました。そして一拍置いたあと、今度は真面目な顔で「なぜお金が集まるのか。それは、後ろめたい人がいるからだ」と答えました。キリスト教文化のアメリカでは、悪いことをした人が罪滅ぼしのために寄付をする。寄付しなければ、白い目で見られるのだ、と。理由の真偽はどうあれ、ヴィクトリー・ファンドの取り組みが、低所得者のＬＧＢＴにも議会へのチャンスを与えていること

ヴィクトリー・ファンドで

だけは間違いありません。日本のＬＧＢＴ政策を前進させるには、啓蒙ではなく、実はこうした政治家を育てる仕組みを具体的に作ることこそ必要なのではないでしょうか。

【I Have A Dream】

２０１３年8月30日

ワシントンＤＣでの６日間の滞在が終わり、これからある上院議員にお会いするためニューヨークに移動します。キング牧師のワシントン大行進から50年の記念すべき日に、この地に立っていられたということ、本当に胸が熱くなりました。先日、リンカーン記念堂でオバマ大統領がキング牧師と同じように演説しましたが、数日前私たちもそこを訪れていました。「I Have A Dream」。私には夢があります。誰もが生きやすい社会を作るために、秋田を、日本を変えたい。

【ゲイの上院議員】

２０１３年9月２日

ゲイであることを公言しているニューヨーク州上院議員、ブラッド・ホイルマン氏がスマホで見せてくれたのは、２歳になる娘さん、シルビアちゃんの写真でした。ブラッド・ホイルマン氏は大学院生のときにカミングアウト。去年、映画監督でもあり映画『フェアゲーム』のプロデューサーでもある夫と結婚。代理出産でお子さんをもうけました。ホイルマン氏と夫の両方が精子バンクに登録し、どちらの遺伝子かわからないようにしたとのこと。また、出産後の感情の問題を考慮して、代理出産をする人と卵子提供をする人を別にしたのだそうです。こうした契約はニューヨークでは認められていないので、カリフォルニアで行ったのだとか。ホイルマン氏はいま、これらの契約がニューヨークでも行えるように法案を出そうとしています。「私の選挙区はゲイが多い。ゲイがある一定の票を集められることがわかっていた。アメリカの進化は激しい。同性結婚は実現するかと10年前に聞かれていたら、NOと答えていたと思う」というホイルマン氏。

ブラッド・ホイルマン氏

【ついつい血が騒ぎ、ニューヨークでLGBT候補者の選挙応援をしてきました！の巻】

2013年9月3日

ニューヨーク市長選に前ニューヨーク市議会議長のクイン氏が出馬するため、それに伴いニューヨーク市では市議の補選が行われます。民主党の予備選はゲイの候補者である COREY Johnson 氏、そしてレズビアンの候補者である YETTA KURLAND 氏の一騎討ちの構図。性的マイノリティ対 性的マイノリティの戦いとなっているのです。しかも、レズビアンであるクイン氏が後継指名したのは、ゲイの候補者 Johnson 氏。レズビアン候補者 YETTA 氏の応援には、ストーン・ウォール事件の舞台となったゲイバー「ストーンウォール・イン」の関係者がついており、ゲイの候補者だからゲイが応援したり、レズビアンの候補者だからレズビアンが応援したりといった単純な枠組みにはなっていないのが大変興味深いところです。地元のジャーナリスト北丸雄二氏によると、市長選については残念ながらクイン氏の支持は伸びておらず厳しい選挙になっているそうですが、将来日本のLGBT当事者が直面するであろうさまざまな課題がこの選挙には現れているように思いました。

【グラウンド・ゼロ】

2013年9月5日

人権問題を専門とするシンシナティ大学の Paul Gordon Lauren 教授のご配慮により、法学部・大学院生のみなさんと意見交換をすることができました。ロールズやハーバーマスやギデンズが、普遍的普遍主義を断念してローカルな普遍主義へと舵を切り、ユーゴ空爆容認に踏み切ったように、多くのリベラルな学生たちも、いまやシリア攻撃やむなしの立場のようです。20世紀、人権の名の下に最も人を殺してきたのは人権主義者たちだったということも、歴史の事実として受け止めなければなりません。どうすれば、ひとりでも多くの命を救うことができるのか。私たちはプラグマティックに対応していくしかありません。今年もまた、9月11日がやってきます。テロの背景にはアメリカの長年に渡る中東政策の失敗があり、アメリカ的ユートピアはディストピアであると感じる人たちが世界にはたくさんいるのだということを明らかにしました。アメリカのイラク、アフガニスタンへの介入は失敗し、いまだに出口は見えてきません。グラウンド・ゼロの前に立ち、多くの亡くなられた方たちへ思いを馳せながら、「アメリカ」について深く考える旅にしたいと改めて思いました。

【エイズ予防】

２０１３年９月６日

オハイオ州の AIDS Volunteers of Cincinnati で話を聞きました。オハイオ州では１９８３年に最初の感染者が見つかり「ここでは、そんなことはないはずだ」とＨＩＶパニックになったそうです。啓蒙ではうまくいかなかったので、フォーカスの仕方を変えて、ＨＩＶポジティブの方たちに対し「どうすれば他の人に感染させないか」という取り組みを行ったのだそうです。ＨＩＶポジティブの人のウイルスを減らすと他の人を感染させることが少なくなる。ＨＩＶとわかったらできるだけヘルシーに生きていけるよう情報を与える。すべての人に焦点を当てるよりも、このほうがより効果をあげることができるのだそうです。

私は、ゲイでもあるコーディネーターの男性スタッフに、こう質問しました。「日本ではＨＩＶ感染者が横ばいで啓蒙がうまくいっていないように思います。ゲイコミュニティでは何度も繰り返し、こういうセックスをすると危険だというメッセージを発信していますが、まったく届かない。私はその理由の一つに、モテ・非モテの問題があると思っています。ゲイの中でもモテる人はパートナーを見つけて幸せな生活を送っているのですが、モテない人はセックスの対象として見てもらうため、望まれるがまま危険なセックスをしてしまいがちです。でもそうした人たちは、それでいいと思っている。そうしなければ、欲望の対象として選んでもらえないから。セックスの問題は自己承認欲求の問題と密接に関係しています。そうした恋愛弱者の方たちには、啓蒙の言葉は虚しく響くだけです」

それに対し、コーディネーターの男性は、「ＨＩＶになることを恐れていない若い人は多い。ＨＩＶになっても死ぬわけでもないし、友達にも多い、と。私たちの時代には『恐れ』があった。ＨＩＶになった。私の叔父も亡くなった。個人的経験もある。若い人たちにはそうした経験がない。ネットで簡単にセックスの相手を見つけることができるようになった。インターネットという『新しいクローゼット』が出来てしまった」とアメリカの状況について教えてくださいました。

たとえ日本で同性婚の法律ができたとしても、恋愛格差の解消にはつながりません。自己肯定感を持つことのできないＬＧＢＴの若者はさらに増えるかもしれません。そこに承認の問題が絡んでいる場合はなおさらです。どうすれば若者の自己肯定感を上げていくことができるのか。そのためには子育てや教育の問題なども含めた幅広い対策が必要だと感じました。

■さまざまなマイノリティとの出会い

【トランスジェンダー団体】

２０１３年９月６日

トランスジェンダーの組織として１９８５年以来シンシナティで活動している Crossport Cincinnati に行ってきました。対応してくださったのは、トランスジェンダーの Theresa Fallon さんと、トランスベスタイトの Erica Cameron さん。私が知る限り、日本ではトランスジェンダーとトランスベスタイトが一緒にこれだけ大きな組織を作っている例はないと思うのですが、「うまくいっている」とのこと。お互いに共通する課題も多いそうです。

一通り活動内容を伺ったあと、私がかねてから疑問に思っていたことについて、思い切って聞いてみました。「日本では性同一性障害の方たちの中から、『私たちはゲイやレズビアンのような変態ではない。生まれるときに障害を持ってしまっただけで、本来ならまっとうな人間である。一緒にしてくれるな』といった意見が出てくることがあります。アメリカではそうした考え方というのはあるのでしょうか？」それに対してTheresa Fallonさんは、「アメリカにもトランスジェンダーだけど同性愛嫌いという人はいました。私たちは同性愛者ではない、と。しかし今は、『ゲイの人たちもそういう風に生まれたんだ。チョイスではないんだ。トランスジェンダーも生まれた時からそうだったんだ。私たちにしてみればゲイやレズビアンも同じなんだ』という風に変わってきています」とのこと。トランスジェンダーであるTheresa Fallonさんは、現在スピリチュアルな関係を持つ同性と暮らしているのだそうです。試行錯誤の末にアメリカのトランスジェンダーがたどり着いた答えは、排除ではなく包摂。一人ひとりがつながっていくことが、社会を動かす大きな原動力になるのだということを、再確認させられました。

【思わぬ出会い】

２０１３年９月７日

オクラホマ州 Tulsa のＬＧＢＴセンターで、日本語で声をかけてきた青年がいました。

なんと、かつて秋田県にかほ市でALTとして英語を教えていたというではありませんか！　名前はKさん（仮名）。「ゼロポジションにはよく行っていました（笑）」とのこと（ゼロポジションとはかつて秋田市にあったゲイバー）。

【LGBTの軍隊内での人権】

2013年9月8日

オバマ政権は、LGBTの権利を高らかに歌い、軍隊内においてもLGBTの権利を認める動きが進んでいます。それを受けてオクラホマ州タルサのLGBTセンターでは、直接軍の関係者に来てもらい、軍隊に入る若者をセンター内でリクルートしてもらうようお願いしたのだそうです。「このことはニューヨークタイムズや日本の新聞にも載った」と、センターの担当者は自慢そうに話してくれました。やっと主権者としてLGBTの権利が認められる日がきた。国民として権利を行使する以上、責任も果たさなければならない。それは軍事においても同様である、ということなのでしょう。LGBTの権利が認められたうれしさが伝わってき

オクラホマ州タルサのLGBTセンターで

オクラホマ州タルサのＬＧＢＴセンターで

ます。国家が包摂することによりＬＧＢＴ当事者に愛国心が生まれ、結果として結束力のある強い国を作ることにつながる。「ＬＧＢＴは強い国を作る」という実践を見せられた気がしました。

【イカす！　ＬＧＢＴのじっちゃん、ばっちゃんたち】

２０１３年9月8日

オクラホマ州タルサのＬＧＢＴセンターが、私たちがＬＧＢＴの高齢化問題に関心を持っていることを知り、たくさんの高齢者のみなさんを集めてくださいました。人生の先輩たちのライフストーリーはどれも感動的なものでした。私と一緒に写っているのは、亡くなったパートナーの遺産をセンターに寄贈したレズビアンのばっちゃん。黄色いシャツのじっちゃんは、なんとストーン・ウォール事件の現場にいたというまさに歴史の生き証人。ネイティブアメリカンの酋長だったゲイのじっちゃんや現役のドラッグクィーンでもあるレズビアンのばっちゃんもかっこいい。

【ネイティブアメリカンと自殺問題】

2013年9月10日

オクラホマ州には39のネイティブアメリカンの部族があり、そのうちタルサは三つの部族で成り立っています。「フランス人とアメリカ人が違うようにすべての部族が違う」と、市役所にインディアン総務委員会を創設した時のメンバーだったクリーク族の男性が話してくれました。そんなネイティブアメリカンにとって、自殺率の高さは深刻な問題です。「私たちは道に迷っている。道から外されてしまった。私たちのスピリッツを取り上げられてしまい、近代的な生活をしなければならなくなった」。人口当たりの従軍率が一番高く、誰よりもアメリカに貢献しているにもかかわらず、自分たちの尊厳が守られていないという不全感が、ひょっとしたらアノミーをもたらしているのかもしれないと、男性の話を聞きながら感じました。今日9月10日は、世界自殺予防デー。ここアメリカにおいても自殺問題の深刻さに触れた一日でした。

【同性婚の税控除】
2013年9月10日
アメリカでは、連邦と州に所得税を納める場合、夫婦で納めると控除額が大きくなるのだそうです。しかし、オクラホマ州では同性婚は認められていません。カリフォルニア州で結婚した同性婚カップルにもオクラホマ州での税控除を認めるようにという裁判の記事が、地元紙に載っていました。

【LGBT親の会】
2013年9月11日
あるお母さんがストーン・ウォールで自分の息子が殴られているところに遭遇した。そして1980年に最初のパレードに参加。それを見ていた人が全国的な組織を作ろうではないかということではじまったのが、全米LGBTの親の会P-FLAGです。私たちは前全米会長にお話を伺いに行きました。末の娘さんが大学1年生18歳のときにレズビアンだとカミングアウト。その後結婚し、パートナーが養子をもらったが、12年たって離婚。6歳と9歳の娘は共同親権。「マムズ」と子供たちはいっているのだとか。二人の母親を認めてもらいたくて、私立の学校に入れたそうです。「レズビアンということで心配しますよ。でも、子供のことはどのお母さんでも心配するものではないでしょうか。ちゃんと収入は得ているのか、暮らしはできているのか」「いろいろ苦労はあったけれど、娘がいてくれたおかげで社交の面でもパレードでも普通ではできない経験をさせてもらった。全米会長もやらせてもらったし、証券取引所で鐘も鳴らさせてもらった。歌手のシェールにも会った」。最初の頃は、サポートグループをやったとき、よく泣く人がいたが今はもういないそうです。P-FLAGの支部は今や500支部。日本でもP-FLAGの支部を作る動きがあるそうです。

ユウチ族の長老のおばあちゃん

【お宅訪問】

2013年9月11日

ホームホスピタリティで伺ったレズビアンカップルのシャロンさん&メアリーさんは、地元の新聞社タルサワールドで働いています。手作りの料理をご馳走になりました。ちゃんと生活することの大切さを学びました。

【私のインディアンネームは…】

2013年9月13日

ＩＶＬＰプログラムでは少数民族の人権についても研修しています。写真はオクラホマ州タルサのネイティブアメリカン、ユウチ族の長老。ユウチ族の言語が若者に受け継がれなくなり、流暢にしゃべることができるのは３人のおばあちゃんだけなのだとか。長老のおばあちゃんたちに、貴重なユウチ族の言葉でインディアンネームをつけていただきました。私のインディアンネームは、bah jhlan。意味は「リーダー」だそうです。実際にこういう名前の尊敬するユウチ族のリーダーがいたのだそうです。名前負けしないように、がんばります！

【ＬＧＢＴ若者ホームレス問題】

２０１３年９月13日

Sex & Gender Minority Youth Resource Center（SMYRC）に入ると、壁には自殺した若者への寄せ書きが掲げられていました。ＬＧＢＴの若者の自殺は、ここでも問題になっていました。若者ホームレスは、ポートランドだけで数千人。そのうちの45パーセントがＬＧＢＴなのだといいます。ロッカーは、こうしたＬＧＢＴ若者ホームレスのためのもの。そして洋服は、ＬＧＢＴ若者ホームレスが自由に持っていけるように寄付してもらったものだそうです。親から追い出される、身体への暴力、言葉の暴力、孤立化。家族サポートのない若者をどう保護していくかという模索が、ポートランドでは続いています。

【ゲイは恐怖ではなく資産です】

2013年9月14日

アメリカ研修では、LGBTの高齢者を支援する全米組織「SAGE」のボランティアグループ「ゲイ&グレイ」でリーダー的役割を担ってきた方たちからもお話を伺いました。

LGBTの高齢者は一般の施設に入ることに抵抗がある。年を取るとクローゼットに戻ってしまう人が増えるそうです。まず、安全な環境を作ろうと始まったのがこちらのプログラムでした。みなさん、子どもや孫のいるおじいちゃん、おばあちゃんたち。人生を重ねていく中で、自分は自分のままでいいのだと気づいた方たちです。「私たちの世代は、自分たちは病気だといわれて育った。犯罪者だと。ゲイは悪いことだと。5年間治療を受けた」。どの方の話からも、私たち世代にはうかがい知ることのできない大変な苦労があったのだということがわかりました。76歳と71歳のレズビアンカップルの女性は、涙を流しながら語ってくれました。

SAGEのボランティアグループの女性と

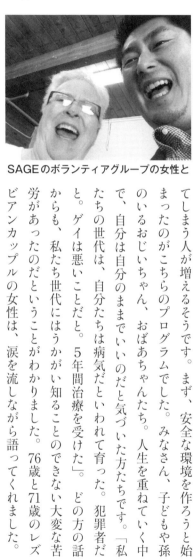

「SAGEは、自分のストーリーは何かを意識させてくれた。42歳で彼女と出会って、そのストーリーを人に伝えることができるようになった。愛するってそういうことです。勇気を出して、話ができるようになった。心身ともに強くなった。今後、5～10年はわかりません。私たちは他のシニアと同じ」（71歳）。「47歳のときに出会った。30年一緒に暮らした。こんな情熱があるとは思わなかった。お帰りになっても、自分の役割の大きさを忘れないでください。日本を変えていってください」（76歳）。「ゲイは恐怖ではなく資産です」という彼女の言葉に、これまでの人生の喜びも悲しみもすべてが凝縮されているような気がして、胸が熱くなりました。

【GLBTヒストリーミュージアム】

２０１３年9月18日

サンフランシスコのカストロストリートにあるGLBT history museumに行ってきました。館内での音声ガイドをこちらで聞くことができます。

http://m.glbthistory.org/index-ja.html

キュレイターのみなさんの解説を、広島修道大学の河口和也さんが翻訳しています（ひょっとしてこの日本語の声は河口先生なのだろうか？）。この中で、この博物館のあり方についての説明があるのですが、どうもこれが私にはしっくりきません。私たちは一つの物語を押しつけることはしたくない。権威主義的に一つの物語を押しつけることは、多様性を生きたクィアな人たちの歴史を殺すことになる。さまざまな読みのできる博物館にしたい、というのですが、しかしこれでは、単に権威主義的物語からクィア研究的な別の物語に置き換えているだけで、物語の押しつけという意味ではどちらも同じではないでしょうか。そもそも博物館に資料を集めるということがすでに権威主義的なのであり、いくらクィアの観点から読み替えるといわれても説得力がないと感じました。

ポートランドのQセンターで

【LGBTの人種における格差問題について】

2013年9月19日

ポートランドのQセンターに伺いました。LGBTセンターではなくQセンターと看板を掲げているところに、志を感じます。2005年にできたこのセンターは、地元警察の委員会にも所属し、警察と連携してLGBT問題に取り組んでいます。そうすることで、取り調べなどでLGBTが恐い思いをしないよう警察にも意見をいうことができるし、地元住民からも信頼を得ることができるそうです。

私はＬＧＢＴ内の人種における格差問題について聞いてみました。「所得の高いゲイの白人男性は同性婚をＬＧＢＴ問題の一番のプライオリティに掲げていますが、所得の低い黒人やヒスパニック系のＬＧＢＴは、そんなことよりもＬＧＢＴのホームレス問題や貧困問題を最優先課題にすべきだと主張する方も多い。こうした分断状況についてセンターではどのように考えていらっしゃるのでしょうか」

それに対しては「何を優先させるのか。同性婚が最後の運動だと思われていることを恐れている。次の連邦政府の役割は何かを考えなければならない。まずは生き残る。そこから」という答え。

お互いに共通項はあるので、マイノリティが白人男性の特権についてどう思っているのか数人のグループで話し合いをすることが大事とのことでした。また、そんなＱセンターですが、当初はＬＧＢＴそれぞれの利害に差があり、それぞれが足を引っ張り合う状況でまとまれなかったため、センターを立ち上げることもできなかったのだそうです。

私は日本においてもなかなかまとまるのが難しい状況があることを告げ、「どうすれば、こうした状況を脱することができるのか。アメリカはどのように乗り越えてきたのですか？」と質問しました。それについては、「アメリカにおいてもまったく解決はしていません」とため息。「虹色はそれぞれ違うので一緒になりにくい。意思を持って互いに協力していくしかない」「どうすれば協力できるのかを考えてやっていくしかない。あるグループは一緒になって自分の物語の演劇をやった。自分はどういう人間であるかをわかってもらう。トランスジェンダーの同性愛嫌いやレズビアンのトランスフォビアもある。その間を埋める作業をやらなくてはならない」「『多様性』とは、それぞれ違うということ。個々に観点が違う。トランスジェンダーの男性がトランスジェンダーの女性に優越感を持っている場合もある。劣等感を持っている人の力をつけなければならない」とのことでした。

4-3　家族の解体ではなく、家族こそが大事～『キンキー・ブーツ』が語りかけるもの

■左翼運動の変形としてのLGBT運動では社会変革はできない

【Hello, Again】

2013年9月19日

3週間のアメリカ研修が終わりました。

私が見たアメリカにおけるLGBT問題は、人権問題というよりも「家族の物語」の再生でした。たとえどんなに保守派であったとしても、自分の息子や娘がゲイやレズビアンに生

まれてしまったら、そりゃ親として子どもを守るしかしょうがないじゃないか。そして、それはアメリカの伝統に反することではなく、むしろアメリカ的古き良き家族の継承なのだ、と。

そのことは、ニューヨークで私たちが見たトニー賞受賞のミュージカル『キンキー・ブーツ』にもよく現れていました。『キンキー・ブーツ』は、倒産寸前の老舗靴工場が、経営を立て直すための最後のアイデアとしてドラァグクイーン向けのブーツを作ることで再起を狙うという実話に基づいたコメディーです。舞台は二つの父子の物語を通奏低音としながら進みます。のちに靴工場の社長となる少年と、のちにドラァグクイーンとなる少年が、舞台の冒頭、それぞれの父親に愛情いっぱいに抱きしめられるシーンがそれを象徴しています。ドラァグクイーンとなったかつての少年は、介護が必要となった車椅子の父親を見舞いながら、そのそばで心を込めて歌います。今の自分は、父親の望んだ姿ではないかもしれない。だけど自分は心から父親を愛している、と。自分らしく生きるということ。家族への思いやり。フェアな社会とは何か。今では失われたアメリカ的な価値観が、ここではしっかりと息づいています。真の意味でアメリカンスピリッツを受け継いでいるのは誰なのか。形だけの壊れてしまった家族なのか、それとも形は違えど、内実を伴った変形家族なのか。

このことは、クリント・イーストウッド監督の名作『グラン・トリノ』にも通じるテーマです。『グラン・トリノ』の主人公ウォルトは、ポーランド系米国人。フォードの自動車工を50年勤めあげましたが、妻を亡くし、日本車が台頭していまや住民も東洋人だらけとなったデトロイトで隠居暮らしを続けています。ある日、彼の家に、隣家のモン族（ベトナム戦争下で米軍に協力的だったとしてラオスを追われた民族）の少年タオが愛車グラン・トリノを狙って忍び込みます。ギャングにそそのかされたのです。しかしギャングたちはウォルトの構えた銃の前に逃げ去ります。ウォルトがタオの謝罪を受け入れたときから、二人の不思議な関係が始まります。ウォルトから与えられる労働で、男としての自信を得るタオ。タオを一人前にする目標に喜びを見出すウォルト。ところが、タオは愚かな争いから、家族と共に命の危険にさらされます。彼の未来を守るため、ウォルトはギャングのもとへ向かいます。そしてわざと銃で撃たれ、亡くなりました。ギャングたちを刑務所に入れることでタオを救ったのです。遺書には、大切なグラン・トリノは友人タオに譲ると書いてありました。ウォルトの思い出と共に、グラン・トリオに乗って海岸線を走るタオ。ウォルトの魂は愛するタオの心の中で生き続けていくという物語です。

この映画は、移民がどんどん増えるアメリカにおいて「アメリカ人とは何か」を考えさせます。昔のようなアメリカはもうない。だがアメリカの魂を継承しているのなら、それがたとえモン族の少年であってもアメリカ人だと認めようじゃないか。大切なのは中身だということを言いたかったのだと思います。クリント・イーストウッド監督は映画を通して、保守としての構えを示しているのです。アメリカ大統領選において、同性婚が大きなイシューとして持ち上がるのも、実はこうしたアメリカ的な価値とは何かをアメリカ国民が常に考えているからなのだと思いました。

さて、翻ってわが国はどうか。日本において、こうした価値観をめぐる議論は起きにくい。日本のように左翼運動の変形としてのＬＧＢＴ運動では社会変革はできません。アメリカでは「人権」ではなく「家族の再生」「社会保守」を前面に押し出し、保守派を巻き込む形で展開されたからこそ、ここまでの訴求力があったのです。教科書に書き込めば愛国が広がると頭の悪い右翼が思考するように、頭の悪いリベラルは教科書に書き込めば人権が広がると勘違いします。人間は感情的生物。知性で理解していても真に心から納得できなければ必ずバックラッシュが起きます。そこで米国人は「感情の政治」に着目しました。家族や仲間としてのＬＧＢＴが地域に貢献する姿をテレビに映し出したり、愛国心を持つＬＧＢＴが軍隊に貢献する姿を記事にしたり。この研修では、こうした「物語」の積み重ねを米国はやってきたという実績を私たちに見せたかったのだと思います。保守に共感されなければＬＧＢＴの法律一本作れない日本の状況の中、私たちにどのような工夫が出来るかが問われていると思います。もちろん米国と日本では国柄が異なるので同じ方法は通用しないでしょう。アメリカとは違うどのようなやり方でＬＧＢＴ政策を進めていけばよいのか。その答えは私たち自身が出していかなければなりません。いま、あまりにも動かない日本の状況に対し、アメリカ大使館が音頭をとって日本のＬＧＢＴ関係者を集め鼓舞しています。本当は私たち自身がやらなければならなかったことをアメリカがやっているというこの事実を、真摯に受け止めなくてはならないと感じています。――以上、２０１３年の日記より

■極端から極端へスウィングする国

いかがだったでしょうか。同性婚訴訟で連邦最高裁が合憲判断を出す2年前のアメリカの高揚感が感じられたのではないかと思います。

その後、私たち研修生はどうなったか。アメリカ研修で教わったやり方をヒントに、日本でさらなる活動を行っていくようになりました。ある者はメディアを使って、ある者は法廷闘争で、ある者は企業研修を通して、社会を変えようと東奔西走しました。ジョン・ルース氏から駐日アメリカ合衆国大使を引き継いだキャロライン・ケネディ氏も東京レインボープライドで挨拶するなど、日本の運動に発破をかけました。アメリカこそが我々の目指す未来なのだと、研修生たちは信じていました。

しかし、その未来予想図は外れました。さまざまな矛盾が社会のあちこちに出現するよう

になったからです。オバマケアなどでリベラルに回帰しすぎたオバマ大統領は不人気となり2017年に民主党のヒラリー・クリントンは落選、トランプ大統領が誕生します。それと同時にIVLPのLGBT研修も廃止されました。保守対リベラルの二極分化を乗り越え国民統合を訴えていたオバマ氏がなぜ躓いたのか。その理由はオバマ氏がラストベルトなどの白人没落中間層に見向きもしなかったからです。彼らが絶望とともに投票した先が、トランプ氏でした。

つまり、こういうことです。1980年代に日本製品がアメリカを席巻し製造業が衰退。その代わりにアメリカ民主党が打ち出したのが情報ハイウェイ構想でした。しかし1990年代になるとアメリカのIT技術者の収入は半分になります。企業はより人件費の安いインドなどにアウトソーシングしていったからです。中間層が貧困化していく中で、アメリカ民主党が取った政策はLGBT問題や移民問題、女性問題や黒人問題などアイデンティティに関わるものばかりでした。経済はすぐには立て直せないが、公正や平等についての政策ならそんなに予算はかからないとの判断もあったのだと思います。それによってこれまでアメリカ民主党の支持者だったラストベルトの元自動車労働者たちの怒りは頂点に達しました。「冗談じゃない。高学歴高収入のLGBTの人権より、俺たちの生活のほうを何とかしてくれ」というわけです。

そこに登場したのが「古き良きアメリカをもう一度」というトランプ氏。ブルーカラーの人々が期待を寄せないはずがありません。彼らの怨念がトランプ氏を大統領へと押し上げました。もともとトランプ氏は政治家ではなく、彼に思想らしきものは見当たりません。長年アメリカ民主党に寄付してきたことからも、それはうかがえます。国民を動員できるのなら何でもやる。反ＬＧＢＴだというのも私はメディアが作り出した虚像だと思っています。ミス・ユニバースの規約改正を行い、トランスジェンダーの参加を認めたのは、そのとき事業者を務めていたトランプ氏だったのですから。トランスジェンダーの性別変更を認めない法案を出す方針だと報道されましたが、それは支持母体であるキリスト教福音派へのリップサービスだった可能性が高い。実際に法改正が行われることはありませんでした。

さて、トランプ氏が大統領になって4年が経ち、またしても状況が変わります。今度は落選の憂き目を見たのはトランプ氏でした。経済は持ち直したものの、医療・福祉、環境、教育などにおいて国民の不満は爆発していました。そこにきて新型コロナウイルス対策の不十分さが決定打となったのです。

当選したのはバイデン氏でした。グローバル化によって壊滅状態となった製造業に変わってＩＴライセンスを飯の種としたアメリカが、低所得の国に外注したことでＩＴ労働者が貧困化し、それを埋め合わせるためのＬＧＢＴ政策や女性政策がデトロイトなどの工場労働者から反感を買ってトランプ氏が召喚され、強引な白人至上主義が多様性を謳うバイデン氏を生み出した。これぞまさに因果応報です。

そしてそのバイデン氏は、大統領になってすぐにトランス女性のレイチェル・レビーン博士を保健福祉省の保健担当次官補に指名しました。次に、アメリカ民主党の大統領予備選にも出馬し、ゲイであることを公表しているピート・ブティジェッジ氏を運輸長官に。レズビアンを公表している黒人女性、カリーヌ・ジャン・ピエール氏を副大統領首席補佐官に指名したのでした。

報道によるとバイデン大統領は、連邦の資金を受け取っている学校に対して、トランス女性がスポーツにおいて女子部門に出場することを禁じてはならないとする大統領令に署名したとのこと。筋力差が大きいトランス女性が参加することの問題点については第3章を参照していただければと思いますが、今後はもっと急進的なLGBT政策が飛び出してくることは間違いないでしょう。おそらく、わが国のLGBT活動家にも共同歩調を取るようにフォーマル、インフォーマルを問わず要請がくると思います。

残念ながら、私たちがLGBT研修に行った2013年とは事情が違ってきました。トランスジェンダリズムというイデオロギーがLGBT運動の中で幅を利かすようになり、政治にも影響を与えはじめたのです。アメリカは極端から極端へスウィングする国です。トランスジェンダリズムを進めた国でこれだけ混乱が生じているいま、日本が何の検証もせずアメリカに追随することはあり得ません。何が真実なのか、私たちは自分の頭で考えていかなければならないと思います。

ところがアメリカ流のＬＧＢＴ運動を推進してきた日本の活動家は軌道修正ができない。それどころか、アメリカと一緒になってトランスジェンダリズムの旗を振るようになっていきました。その意味において、孫崎享氏がいっていた「研修生はアメリカの犬になる」との予言は無情にも当たったのかもしれません。私一人を例外として。

２０２１年1月20日、バイデン大統領の就任式がワシントンで華々しく行われました。高級なスーツやドレスに身を包んだ議員たち。「俺たちのアメリカを取り戻したぞ」というハリウッドスターによる饗宴がテレビに映し出されました。米国民主党はこの4年間で何も学んでこなかったのだなとため息が出ました。バーニー・サンダース氏だけがワークマンで買ったかのようなジャンパー姿をしていました。彼だけがアメリカの危機を分かっていると思いました。トランプ氏が去っても、トランプ氏を支持した７６００万人が消えるわけではありません。生活に困窮している人からはエリートたちの掲げるＬＧＢＴ政策がどのように見えているか、バイデン政権には理解できていないのかもしれません。こうしたリベラル派の鈍感さが、アメリカの分断をさらに深めています。セレブたちと戯れながら口でいくら融和だといっても、不信感は増すばかり。バイデン氏がまいた「因果」が次にどのような結果をもたらすのか、私たちは日本から冷静な視線で見守るしかありません。

第5章

日本が持つアドバンテージを活かす

5-1　少年愛者を切り捨てた国際レズビアン・ゲイ協会

■少年愛者は「性的嗜好」だと手のひら返ししたLGBT

第1章でも少し触れましたが、『新潮45』に掲載された小川榮太郎氏の論文で性的嗜好という言葉が使われたことについて、「指向」の間違いだから訂正せよと激昂した人がいました。でもこれは、性的マイノリティたちが世の中にわかりやすく伝えるために、あえて行った便宜上の分類です。本当は、性的嗜好と性的指向を分けることはできないのです。当事者が生き残るために、運動の戦略として指向と嗜好を分けた経緯を若い人たちは知らず、ベタに受け取っている可能性があります。

LGBTが他の属性を性的嗜好だとして排除してきた事例をお話ししましょう。ILGA（国際レズビアン・ゲイ協会）がNANBLA（米国少年愛者団体）を切り離すことで生き残ってきた歴史を調べてみると、さまざまなプレイヤーが跋扈《ばっこ》していて興味深いです。そもそもこの問題がなぜフレームアップしたのかというと、どうやら国連の分担金を払いたくなかった米国議会が「国連にはペドフィリア（幼児性愛者）を擁護する団体も参画している。そんな国連に払う金はない」と難癖をつけたようなのです。追い詰められたILGAはNANB

LAとの関係を絶ったものの、米国議会のプレッシャーによってついに1994年、国連オブザーバーの地位を失いました（風間孝他編『実践するセクシュアリティ』参照）。

なぜILGAは、これまでNANBLAと共に活動してきたのか。それは、同性愛者も少年愛者も同じ生得的であるという理由からです。自己決定によって選び取った人生ではないという点において、彼我に違いはありません。では社会はなぜペドフィリアを認めないようになっていったのか。理由は二つあります。

① 性的自己決定が出来ない幼児の人権を守るため

② 社会の断固とした意思を示す

幼児への性虐待を許せば、社会そのものが壊れてしまいます。犯罪者を逮捕するのは当然のことです。しかし、私が心を痛めるのは、罪を犯しているわけではないペドフィリアについてはどうなのかということです。ペドフィリアのほとんどは性犯罪をしないことがデータからわかっています。幼児に性虐待をする人たちのことはチャイルド・マレスターといいますが、この二つは分けて考えなくてはならないのです。チャイルド・マレスターが犯罪に及ぶ原因は性衝動というよりも、支配欲や孤独を打ち消すためだといわれています。ペドフィリアという包括的総称の中にチャイルド・マレスターも含まれるので、一般の方にはわかりにくいかもしれません。また、ペドフィリアの中でも少年愛者は、0歳から3歳くらいまでの幼児を妄想の対象としているわけではなく、ジャニーズジュニアなどの思春期前期の少年に恋心を抱く人たちのことです。そのすそ野はかなり広いと推測できます。私たちは警察にこの人たちの頭の中まで取り調べさせて予防的に隔離するのか。少年同士のセックスについて描かれたアニメやマンガまでをも規制して、少年愛者に生まれた以上は死ぬまで射精を我慢しろと突き放すのか。これまで多くのＬＧＢＴはこの問題に無視を決め込んできました。しかしネットではいま、かなり厳しい声が響き渡っているのです。思考停止のツケが回ってきたといってもいいでしょう。

２００７年に『欲望問題』で少年愛者問題を提起したのが、ゲイで作家の伏見憲明氏です。伏見氏は、ご自身がジェンダー論で大きな影響を受けた上野千鶴子氏にこれを献本しました。しかし、上野氏から応答があったのは、それから3年後の２０１０年のことでした（『女ぎらい』に収録されています）。上野氏は「少年愛者とは即ち児童を性虐待したくてウズウズしている人たちのこと。被害児童のことが視野に入っていないのではないか？」と一刀両断。しかし、その上で、「欲望を持つことと、欲望を行為に移すこととのあいだには、千里の径庭がある」「想像力は取り締まれない」と、フェミニストの法学者キャサリン・マッキノンの「ポルノは理論、レイプは実践」という定式を真正面から否定するのです。そして、自分はフェミニストの中でも表現の自由擁護派だと胸を張るのでした。上野氏の主張は昔から一貫していいます。他者に迷惑をかけるくらいなら、性行為をマスターベーションに限定し、二次元に悶えながら死んでくれたほうがマシということです。

上野氏のいう「性虐待をしたくてウズウズしている人たち」というのは意地悪な見方です。なぜなら彼らは、自らの欲望をいかにコントロールすればいいか悩んでいる人たちだからです。彼らは犯罪者予備軍ではありません。上野節はさておき、上野氏でさえ合意できていることがここにはある。私はそこにこれからの社会を考えるうえでの大きなヒントがあるように感じます。生身の体を必要としないVRセックスの進化などによって、技術による「お互いが干渉しあわない社会」は可能になろうとしています。自分の欲望と折り合いをつけながら誰にも迷惑をかけずに生きていく生活が実現できたなら、彼らに対する私たちの後ろめたさも少しは和らぐかもしれません。

「人権」は神が作ったものではなく、社会を営む上で人間が考え出したルールです。だから人権の範囲は時代によって変わります。もともとアメリカでは先住民族に人権はなかったし、公民権運動までは黒人にも女性にも人権はないに等しかった。そして欧州のヌーディストビーチは、ヒッピーに連れられた子どもたちの裸であふれかえっていました。それを写真に撮る人もめずらしくなかった。今だとこうした大人たちは児童ポルノ禁止法によって逮捕されるけれども、1960年代まではヌーディストビーチに子どもを連れていく親はリベラルの象徴でした。もちろんＬＧＢＴにも人権はなかった。欧米のＬＧＢＴは人権を獲得するため命懸けで運動を展開しました。しかし、ＬＧＢＴは生き残るためにある選択をしなければなりませんでした。それは、これまで共闘してきた少年愛団体を切断することでした。これまでタッグを組んできたのは、両者とも自己決定により性的指向を選択したわけではなく、自己責任を問われるのはおかしいとの共通認識を持っていたからです。しかしＬＧＢＴは彼らの行為は「性的嗜好」だと手のひらを返し、自分たちだけが救われる道を選択しました。

その後の展開はみなさんご存じのとおりです。今や政治的に力を持つようになった米国のパワー・ゲイたちは、同性婚などさまざまな権利を手に入れてきました。所得の高い男性二人が結婚するわけだから、高所得者が更に高所得者になっていく。そしてレズビアンたちは、子どもを持ちたいがために「不妊」の定義を変更しろといいはじめました。自分たちカップルは不妊と同じだ。だから体外受精を認めろというわけです。それと歩調を合わせるようにＷＨＯは「同性愛者は独身者であっても子どもが欲しい人を〝不妊と見なして〟彼らの体外受精へのアクセスを広める」との方針を発表しました。レズビアンカップルは不妊だから子どもができないのだとすれば、妊娠できないゲイだって不妊だと言い張ることは可能であり、今後は代理出産も倫理的に肯定されていくでしょう。言葉巧みにルールを変えるエスタブリッシュメントの姿を見て、当惑しているのは私だけではないはずです。新しいホモノーマティビティは留まるところを知りません。だがそれは、かつて仲間として活動をしていた少年愛者を政治的に切除した結果の果実なのだということを私たちは忘れてはならないと思います。

いまNANBLAがどのような活動をしているのかネットで検索しても詳しくはわかりませんが、刑務所で刑に服しているペドフィリアたちへの支援を細々と行っているようです。犯罪自体は決して許されるものではありません。しかし、もし自分がペドフィリアだったら？　もし自分の子どもがそのように生まれついてしまったら？　と想像することは難しくないはずです。社会から見捨てられた彼らに最後まで寄り添い、修復的司法のような活動をしているのだとしたら、私にはNANBLAを蔑むことは出来ません。

5-2 「保守と革新」の対立を乗り越えるためのヒントは日本にあり

■アニミズムの伝統

社会心理学者のジョナサン・ハイト氏は著書『社会はなぜ右と左に分かれるのか――対立を超えるための道徳心理学』の中で、人を動かす感情のボタンは6つあると説明します。①ケア、②公正、③自由、④忠誠、⑤権威、⑥神聖です。リベラルは①②③は重要視しますが④⑤⑥には関心を払わない。一方の保守は6つすべてに目配りをする。だから人々の信頼を獲得でき、選挙に強いというのです。

ハイト氏が指摘するように、リベラルは制度を超えた結婚の神聖性を考慮しません。彼らは同性婚制度を認めさせる理屈として「同性婚を施行したところであなたの人生に何の影響がある？」「同性婚は当然の権利であり他人がとやかく言う問題ではない」といいます。けれど結婚は合理性だけを求めるものではない。文藝評論家の小川榮太郎氏は、これを「花嫁衣装問題」と呼んでいます。結婚式後の初夜では野獣のようになるにもかかわらず、人はなぜその瞬間だけ花嫁衣装で着飾るのか。そこには共同体の特別な思いの反映があるのだ、と。同性婚を導入することで連綿と紡がれてきた共同体の核の部分が壊されてしまうのではないか？　こうした保守派の不安を払拭する議論は、残念ながらリベラル側からは出てきません。私は改憲によって同性婚を導入すべきという立場ですが、保守派の心配を無視していいとは考えません。もう一方の当事者からはそれは暴力のように見えていることもリベラル派には想像してほしいのです。保守派が納得できる言葉を紡いでいかなければ分断は加速するだけです。

私は哲学者の故・梅原猛氏が唱えた「草木国土悉皆成仏」という思想が一つのヒントになると思います。これは簡単に言うと「人間や動物はもちろん、草木や国土も仏性を持ち成仏できる」という考え方で、アニミズム思想の仏教的表現です（『ユリイカ』2009年4月号参照）。森羅万象すべての中に神や仏が宿るという感受性は、形を変えながら古代から受け継がれ、わが国の生活の中に溶け込んでいます。

どうして日本には諸外国のようなジェノサイドがないのかという理由もここにあります。異端のものをどこまでも追いかけていって根絶やしにする一神教の世界とは違うのです。だからLGBTについても、ゲイバーが襲撃されたり家に火を放たれたりといったことがない。それが、すべての生きとし生けるものを分け隔てなく受け入れる日本文化の特徴なのです。そんな土壌の日本に、欧米流のLGBT運動を当てはめるのが正解なのかは疑問です。もし東京オリンピックが開かれるのなら、「私たち日本人もようやく欧米の皆さんに追いつきました」とペコペコ頭を下げるのではなく、アニミズムの伝統を持つわが国のアドバンテージを海外に向けて堂々と発信していくべきでしょう。私は、欧米から輸入された左派イデオロギーではない日本発のLGBT思想を、保守派の皆さんとともに築き上げていきたいのです。

▩もともと男女の境界を自由に行き来していた日本の風俗

よくLGBT左派は「近代以前には男色文化はあったが人権として同性愛が認められていたわけではなかった。日本は寛容ではなかった」といいます。しかし、本当にそうなのだろうか、というのが私の問題意識です。封建制度を憎むあまり、曇り眼鏡で見てはいないでしょうか？　明治新政府は自分たちの正統性を主張するため殊更に江戸時代は暗黒時代だったと吹聴しました。もちろん、現在の研究ではそうではなかったことが証明されています。左派は明治の国家主義を批判しますが、実は明治政府による呪縛から抜け出せないでいるのは彼ら自身ではないでしょうか。

ＬＧＢＴ左派がなぜそこまで封建制度を憎むのか。その理由が私はもう一つあると思っています。それは、親との関係です。戦後民主主義の中で封建制度は悪だとされ、「うちの父は民主的でない」という言い方がデフォルトになっていった経緯を『週刊読書人』で絓秀実《すがひでみ》氏が述べていました。封建的な親を持つ苦しみを誰よりも感じてきたのがＬＧＢＴです。そうした思いが混じり合って「封建社会＝同性愛に寛容ではない社会」という先入観が作り出されていったのかもしれません。

ところが日本は、橋本治氏が著書『性のタブーのない日本』で語っているように、歴史的に同性愛には寛大でした。江戸時代の衆道や歌舞伎の陰間《かげま》、織田信長と蘭丸のエピソードや伊達政宗が若い武将に送ったラブレターの記録、西郷隆盛と月照のロマンスなど、挙げれば枚挙に暇がありません。色は男性にも女性にも向かいましたが、男性との関係が体だけだったということはなく、そこにはちゃんと心も伴っていたのです。ちなみにこうした寛容さはセックスだけに限らず、ジェンダー表象においても発揮されました。江戸時代の遊郭である吉原では、8月になると俄《にわか》という祭りが催され、男装した芸者たちによる獅子舞や俄狂言などが演じられたそうです。また、歌舞伎では「女助六」や「女清玄」のように、通常では立役（男性役）が演じる登場人物を、男女の設定を入れ替えて女形が務める演目もあります。つまり「男性を演じるのは女性役の男性」なのです（現代でもドラァグクイーンによる「男装」のショーがあり、観客は「へー、捻じれが面白いね」と驚くのですが、なんのことはない、古来より続く伝統芸だったのですね）。今頃になってクィア理論が「性の越境」「境界の攪乱」などと言っていますが、もともと男女の境界を自由に行き来していたのがわが国の風俗。岩盤のようなジェンダー規範がある欧米ではそこに穴をあけるためのドリルとしてクィア理論が必要だったのかもしれませんが、日本ではそうした性がすでに実践されていたというのが凄いところです。

そんな日本で鶏姦律条例ができたのは明治5年（1872年）のこと。翌年には鶏姦罪として施行されました（鶏姦とは肛門性交のことです）。放っておけばどこまでも溶けていくセックスやジェンダーにタガをはめなければ近代化はできないとの判断があったのでしょう。ところがこれもわずか10年で廃止となりました。日本が旧刑法を作る際に参考にしたのがフランスのナポレオン法典。フランスから招いた法学者ボアソナード氏がこの法典にはソドミー法がないことを指摘し、条文には入れなかったそうです。しかし、その後も西欧列強と伍するために禁欲主義は広がっていき、同性愛は「忍恋」と見なされるようになりました。ただ、それでも日本人の感性は変わりませんでした。

日本人の感性とは何か。それは、周りが「恥」だと思わなくなれば、自分も社会も一気に変わるということです。風俗史研究者の井上章一氏によると、1930年代にはパンツを見られて恥ずかしがる女性はいなかったといいます。なぜならそれまで女性は和服だったのでパンツは履いていなかった。裾がはだけて見えるのは直接の陰部だったからです。男性もパンツごときに喜ぶ人はいなかった。それがライフスタイルが新しくなるに従い、次第に恥ずかしいものへと変わっていった。私たちの感性は、環境によっていかようにも変化することが見て取れると思います。あれだけ変わらなかった社会のLGBTに対する受け止め方が、あっという間に変わったのにはそうした理由もあるのです（井上章一『パンツが見える。——羞恥心の現代史』参照）。罪の文化の欧米ではこうはいきません。内面化された神の視線が行動を規律するからです。だから激しいLGBT運動が必要だった。こうした点も、日本の優位性として考察されるべき事項です（もちろん第1章で書いたように、両義的な側面があることは否定できないのですが）。

梅原猛氏のいう「草木国土悉皆成仏」は、日本文化の古層から汲みだしたエッセンスであり、もちろん、いい面があれば悪い面もある。「仏」と「天皇」を入れ替えれば簡単に「一木一草に天皇制がある」となるわけで、中国文学研究者の竹内好《よしみ》氏はこうした感受性を批判しました。リベラルたちは、先の大戦では、天皇陛下と一体化する国民の心情を為政者たちが利用したと、戦後長きにわたって咎めてきました。でもだからといって、産湯《うぶゆ》とともに赤子を流すのはもったいない。細心の注意を払いながらも、日本の特性をＬＧＢＴ運動に活かすことができれば、世界から注目される新しいモデルとなります。

２０２０年のＮＨＫの報道によると、ＥＵでは「差別を受けた」と感じたＬＧＢＴなどの人たちの割合は２０１９年、43パーセントで、８年前に比べ６ポイント上昇したそうです。また、２０２０年のポーランドの大統領選挙でＬＧＢＴなどの人たちの権利の向上に反対する現職が支持を集めて当選するなど、差別が拡大するのではないかと懸念も出ているそうです。欧米のＬＧＢＴ運動は、決してうまくいっているわけではないのです。だからこそ、日本が果たす役割は大きいと私は思うのです。

5-3　表現規制とLGBT～映画『ミッドナイトスワン』はトランス差別？～

体の自由が心の自由へとつながる

２０２０年に公開された映画『ミッドナイトスワン』（内田英治監督）は、元ＳＭＡＰの草彅剛氏がトランスジェンダー役をやり大変話題になりました。私も映画館に足を運びましたが、トランス女性として身体と心の葛藤を抱えながら生きる主人公「凪沙《なぎさ》」と、親の愛情を知ることなく育ちながらもバレエダンサーを夢見ている少女「一果《いちか》」との絆を描いたストーリーに涙が止まりませんでした。

あらすじを要約すると、こんな感じです。草彅氏演じる主人公の凪沙は、新宿のニューハーフショーの店で働くダンサー。そんな凪沙のもとに、実家の母から電話がかかって来ました。シングルマザーである親戚の早織が娘をネグレクトするようになり、少しの間、中学１年生の一果の面倒を見て欲しいという内容でした。しぶしぶ引き受けた凪沙は一果と共同生活を始めます。しかし一果は心を閉ざしたまま。学校でも問題を起こし、凪沙が呼ばれる始末。ある日、一果は学校の帰り道でバレエ教室を見つけます。どうしても気持ちを抑えることができず、体験レッスンを受けに行く一果。でも習うだけのお金がなく、友達に誘われるまま怪しいバイトをすることに。そこで警察沙汰となる事件が起こってしまい、凪沙の知るところとなりました。一果にバレエの才能があることを知った凪沙は、一果の夢をかなえてやりたい、この子の母親になりたいと思うようになるのでした。一果をコンクールに出場させるための費用を捻出するため凪沙は風俗で働こうとしますが、体が拒絶し断念。その後、物流会社への就職が決まりましたが、長かった髪をバッサリ切ることが雇ってもらうための条件だったのです。その姿を見て動揺する一果。でも本気で自分を守ろうとしてくれている気持ちは十分に伝わっていました。ついにコンクールで決勝まで進んだ一果。ところが緊張のあまり体が動かなくなり、立ち往生することに。すると会場に来ていた実の母親早織がさっと舞台に駆け寄り、「大丈夫じゃ」と一果を抱きしめます。実の母親にはかなわないことを悟った凪沙はそっとその場からいなくなるのでした。一果はそのまま母親とともに実家に帰っていきました。一年後、タイで性別適合手術を受け身体的に女性となった凪沙は、一果を迎えに故郷に向かいます。何も知らなかった凪沙の母親は「病院で治してもらい」と泣き崩れました。もみ合いの中「この化け物が！帰れ」と凪沙は家を追い出されるのでした。それから時間が経ち、一果は中学を卒業。イギリスにバレエ留学が決まっていました。母親の早織と中学を卒業したら凪沙に会いに行っていいと約束していた一果は、急いで東京へ。やっとのことでアパートを探し当てた一果でしたが、そこには生きる希望を失い衰弱した凪沙の姿がありました。手術後のアフターケアをおろそかにしたため、傷口が化膿してしまっていたのです。容体がよくならない凪沙は、一果に頼んで海に連れて行ってもらいます。凪沙は一果に「お願い、踊って」と懇願。目が見えなくなっている凪沙でしたが海に向かって踊る一果に「きれい、本当にきれい」とつぶやくのでした。そして凪沙は、砂浜に座ったまま静かに息を引き取ったのです。

劇場内には観客が鼻をすする音が響いていました。凪沙を演じた草彅剛氏はインタビューにおいて、「トランスジェンダーらしさ」ではなく「一人の人間としての主人公」をどう演じるかを考えたと話しています。そうしたアプローチの仕方が、たくさんの人々に支持された理由だと感じました。しかし、LGBT活動家たちはまたしてもこの映画に噛みついたのです。たとえば、あるLGBT活動家は、「マジョリティの涙を誘うために〝かわいそうなトランスジェンダー像〟が利用されてしまった映画」だと猛烈に批判しました。そして、ハリウッドではトランスジェンダー役を当事者ではない役者が演じることに対して疑問の声が上がっている。トランスジェンダーの俳優の機会が奪われてしまっていることに加え、異性愛者が演じるトランス女性のイメージを多くの視聴者に植えつけることは問題だと不満を表明するのです。また別のLGBT活動家は「幸せになれないトランスジェンダーというのはステレオタイプ。なぜ最後にトランスジェンダーが死ななければならないのか。美しく可哀想な弱者でなければ受け入れないというのはマジョリティの驕りであり差別だ」と難詰しました。

こうした意見は彼らのオリジナルというわけではなく、海の向こうで盛んに言われている主張と同型です。アメリカのアカデミー賞は作品賞の選考に新たな基準を設けることを決め、作品のキャスティングや製作スタッフなどに、人種／民族的少数派や女性、ＬＧＢＴＱなどのセクシュアル・マイノリティー、障がい者など、出演や雇用の機会が限られていた人たちを起用しなければならないと発表しました。さらにベルリン映画祭は、「男優賞」「女優賞」をなくし、「俳優賞」に統一するとしました。こうした議論を輸入したものが、先ほど示したＬＧＢＴ活動家の意見なのです。彼らはある種の搾取論を展開しているわけですが、私はそれに違和感を覚えて仕方がありません。

第1に、トランスジェンダー役は当事者以外が演じてはならないというのなら、そもそも自分とは違う人物を演じる俳優という職業が成り立たなくなるということです。逆もまた真なりで、トランスジェンダーの役者はトランスジェンダー以外の役をやらせてもらえないということにもつながる。それは自分たちで自分たちの首を絞めている行為だと思います。マジョリティによって出番が奪われてきたというなら、それを埋め合わせるための解はトランスジェンダーの役を独占することではありません。トランスジェンダーの俳優がすべての役で公正にチャンスを得られるよう映画界の風土を整えるということではないでしょうか。トランス男性を演じようとしていたオスカー女優のハル・ベリー氏は当事者から猛攻撃を受けて降板することになりました。彼女は謝罪をする破目になりましたが、LGBTに親和的だった人を敵にするのは悪手です。手段と目的を取り違えているといえるでしょう。

第2に、制作者が自分の頭で考えてその方向に向かうのではなく「こうしなければならない」と規制によって決めるのはおかしいということです。アメリカではポリティカル・コレクトネスが幅を利かせすぎてしまい、多様性が逆に表現者の自由を縛る結果になっています。日本の子どもたちに人気のある戦隊ものをアメリカで作ったのが映画『パワーレンジャー』でしたが、政治的正しさを気にするあまり、障害・LGBT・薬物・貧困を背負ったメンバーという設定にするしかなく、戦闘シーンが激減。まったく人気が出なかったそうです。日本でもこうした動きがけたたましくなってきました。元SMAPの香取慎吾氏をCMキャラクターとして起用しているファミリーマートの『お母さん食堂』が、性役割の固定化につながると批判され廃止運動が起こったのです。ではNHKの『おかあさんといっしょ』はいいのか？　いえいえ、そこはNHK、批判を先取りして『おとうさんといっしょ』も制作しているのです。しかし、番組内容はどちらも同じ。なぜ公共放送がわざわざ受信料を使って同じような放送をするのか。その理由はひとえにポリコレを気にしているからだと想像する以外にありません。

第3に、LGBT活動家はトランスジェンダーが悲惨な死に方をする映画はけしからんというのですが『ミッドナイトスワン』の凪沙は果たして本当に不幸な終わり方だったのかという点です。彼らが特に批判するのは凪沙が手術を受けた後の描写です。一果がアパートを訪れると凪沙はベッドに横たわり朦朧としていた。下半身につけたおむつは血だらけになっていて、目も見えなくなっていたというカットなのですが、現在の手術においてこんなことはあり得ないというのです。だが手術経験のある私の友人のトランス女性に聞いたところ、「顔や性格がみなさん同じではないように、臓器もすべて画一化された製品のようではなく、形や大きさには差異がある。身体にメスを入れるということはあくまで致死率ゼロとはいえない」とのこと。また、立命館大学でジェンダー研究をしているトランスジェンダー当事者の吉野靫《ゆぎ》氏は、性別適合手術に失敗して皮膚が壊死してしまい、大学病院を相手取って裁判をした顚末を近著で明かしています（『誰かの理想を生きられはしない』）。LGBT活動家はトランスジェンダーの若い子たちを慮って「手術は危険ではないよ。大丈夫だから」と火消しをしているのだと思いますが、それもまた極論なのではないか。「当事者が傷つくから」という理由で、性的マイノリティなら本来知っておくべき情報から当事者を遠ざけてしまっている。それは悪しきパターナリズムに他なりません。

100パーセント安全とは言えない手術に凪沙はどうして踏み切ったのか。それは何としても一果の母親になりたかったからです。一果との出会いが、凪沙に自由という翼を与えてくれたのでした。それは「体の自由」と「心の自由」という二つの自由です。凪沙は一果が海外で活躍する姿は見られなかったけれど、自由を得て亡くなっていく姿はとても光り輝いて見えました。

LGBT活動家は、むき出しの「身体性」を描く『ミッドナイトスワン』を嫌悪しているようですが、私の見立てでは身体性こそが大事なのです。なぜ「体の自由」が大切なのか。それは体の自由が心の自由へとつながっているからです。トランスジェンダーの凪沙だけではない。一果も、一果を虐待する実の母親早織も、貧困や暴力の連鎖でガチガチに強張っていた体がほぐれていくに従い、心までもが氷解していくさまが手に取るように分かりました。夜の公園で踊る一果の動きに合わせてバレエを真似る凪沙。シンクロする二人のダンスは、いつしか心までをもシンクロさせ、美しいハーモニーを奏でていく。言葉や観念ではない、身体性こそが私たちの幸せにとって大切なのだと観客に告げるのです。

「差別だ、偏見だ」と常にピリピリしたハリネズミのような現代人に対して内田監督が伝えたかったメッセージがまさにそれでした。LGBT活動家のように差別を発見することだけを考えて血眼になって映画を見ていれば、こうした深いメッセージをキャッチすることはできないでしょう。

「弱いままでいい」との思想は、弱者を現状に押しとどめようとする新自由主義の方便ですが、ピュアな若者はそれを信じ込んでしまい、極めて傷つきやすい個が量産されてしまった。近年、若いLGBT活動家が表現に介入するケースが目立っていますが、その背景にはこうした社会の変化があるのだと思います。

これまでトランスジェンダーは、戦略としてあえて奇麗な部分だけを世間に見せてきた気がします。性同一性障害特例法成立に向けての運動では、顔面偏差値の高い当事者をマスコミに登場させ、世間の関心を集める作戦を展開した。それは功を奏し、わが国では同性愛者よりも早く法的保障を手に入れました。ゆえに国民の多くは等身大のトランスジェンダーについてほとんど知らないのです。映画『ミッドナイトスワン』を見て、「ああ、こういうことだったのか」と気づいた人もいます。異性愛者が真実を知りたいと思う気持ちは差別なのでしょうか。否。情報をオープンにし、腹を割って国民全体でとことん考えることが必要なのではないか。トランスジェンダーの問題を当事者だけで囲い込むのではなく、どうしたらいいか皆で知恵を出し合うこと。内へ内へと閉じるのではなく、外へ外へと開かれていくことが大切だと思うのです。ゲイで映画評論家のおすぎとピーコさんは先鋭化が著しい最近の

ＬＧＢＴ運動に対し、「ＬＧＢＴは認めさせるものではない」と苦言を呈します。マジョリティは性的マイノリティを思いやり、性的マイノリティはマジョリティを思いやる気持ちが大事であり、落としどころを探っていかなくてはならない。お互いが少しずつ譲り合いながら暮らしていける社会をつくっていくことが必要です。

■政治運動の延長として作られたわけではない映画が伝える凄み

さて、ではＬＧＢＴ活動家は、どのような基準で表現物を差別だと認定しているのでしょうか。そのルールがまったく見えてこないので、多くの人は困惑しているのです。映画『ミッドナイトスワン』と同時期に上映されていたのが映画『窮鼠《きゅうそ》はチーズの夢を見る』です。行定《ゆきさだ》勲監督のこの作品は、主演の大倉忠義氏、成田凌氏が好演していて内容は大変すばらしいものだったのですが、ゲイの私から見ると一点だけ気になるところがありました。新宿２丁目のビルの地下にある実際のクラブハウスに大倉氏が訪れる場面でのこと。彼に群がる大勢のゲイたちがなぜか一様に、ひげ坊主であるにもかかわらず眉毛だけは細く整えられているという設定だったのです。これを見て私はとても鋭い「批評」だと思いました。ジェンダーフリーだ多様性だなどとどんなに理屈をこねても、ゲイの世界でのモテ筋は男らしい男なのです。ひげ坊主はその象徴の一つです。政治的に正しい中性的なゲイは、性愛市場においては需要が少ない。それは差別ではなく、乗り越えられない欲望なのです。ただし、ゲイの中にある「乙女心」は時々顔を出すことがある。行定監督はそれを絶妙にキャッチし、女性のように細く整えている眉で表現したのだと思います。実際に、体はマッチョでも話せばべったらオネエの人はたくさんいますからね。しかしこれはポリコレ的にはアウトです。ゲイの負の側面をステレオタイプとして描いているからです。ところが不思議なことにLGBT活動家はこの映画には何も言わない。自分が気に食わない作品には文句を言うが、自分が好きな作品には何も言わないというのはフェアではないと思います。

『おっさんずラブ』もそうです。大ヒットしたこの作品はもう説明の必要もないと思いますが、会社内での男性同士の恋愛をコメディタッチで描いた作品です。私自身も大好きなドラマであり、映画も含めてシリーズはすべて見ました。しかし問題は、ふだんあれだけポリコレに厳しいLGBT活動家やフェミニストが、この作品を同じように楽しんでいるということです。

例えばフェミニストの北原みのり氏は、『おっさんずラブ』にはまっているとツイッターで表明。大変高い評価をしていて私は顎が外れそうになりました。なぜなら『おっさんずラブ』での部長の振る舞いはセクハラ、パワハラそのものだからです。もし、部下の男性社員が女性だったら、北原氏は同じように楽しめただろうか。男から男へのセクハラだから関係ないのでしょうか。北原氏は『おっさんずラブ』はラブコメの王道だといいます。そうだとしたら、部長の男性社員へのストーカー、同性同士の男の奪い合いから生じるパワハラ、男性社員に同意なくキスをする後輩の男性社員による準強制わいせつなどは、男女の関係に置き換えても許容範囲ということになるでしょう。しかし、そんなわけがありません。フェミニストの皆さんは、『白雪姫』に登場する王子様でさえも同意なきキスをした準強制わいせつ犯といっているのですから。明らかにダブルスタンダードです。

また、この作品にはプロトタイプがあり、地上波で1回だけ放送されました。そこでは夜の社内で男性社員の居場所を捜し歩く部長の姿があたかもホラー映画のごとく演出されています。さしずめ「迫りくるゲイの恐怖」といったところでしょうか。ゲイフォビア臭がプンプン漂ってくるこのプロトタイプについても、抗議をするＬＧＢＴ活動家は皆無でした。

私が『おっさんずラブ』を素晴らしいと思っている理由は2点あります。1点目は、恋愛には多少の暴力性（肉体的暴力ではない）が伴うということを余すところなく伝えてくれたからです。フェミニストは男性から突然告白されることも「告ハラ」だと非難しますが、告白しなければ恋愛なんて始まらない。『おっさんずラブ』で展開されるくらいの粘着さや強引さがなければ恋なんて成立しないということを、いまの時代にきちんと伝えてくれた功績は大きいと思います。

2点目は、脚本のなかにLGBTという言葉がまったく出てこなかったことです。これは、明らかに意図してそうしていたのだと思います。私は制作者による現在のLGBT運動への「批評」だと感じました。ドラマで描いていたのはこういうことです。「俺たちは、LGBT運動をやりたいわけじゃない。ただただ目の前にいるこいつとの日常を大切にしたいだけなのだ。一緒に笑って、一緒に怒って、一緒に泣いて。たまにはケンカもするけれど、でも俺はこいつを一生守りたい」。そんな二人だからこそ視聴者の心をとらえ、あれだけの大ブームにつながったのです。そしてドラマの続きを描いた映画では、二人の未来を見守るたくさんの観客を前に、最後にぼそっとこうつぶやくのです。「俺たちの国ではまだ同性婚ができない」。それだけでファンは大号泣です。それ以上何も言わなくても二人の気持ちがわかるからです。LGBT運動がどんなに言葉を尽くしても伝わらなかったものが、LGBTという言葉を一言も発することなく伝わる凄み。私は思わず唸りました。政治運動の延長として作られる映画ほどつまらないものはない。『おっさんずラブ』はポリコレとは正反対の映画ですが、とても「正しい」映画だと思います。

■「同性愛は高尚で性欲の問題ではない」は誤魔化し

ＬＧＢＴ活動家は、ＢＬ漫画についても差別だと糾弾します。理由はゲイを「拉致・監禁・レイプ」しているからだとか。果たしてそれは本当に差別なのでしょうか。

ＢＬ漫画は現実のゲイについて書いているわけではありません。恋愛におけるジェンダー間の権力の非対称性を不快に思っている異性愛者の女性が、日常から離れて男性を愛でるためのフィクションです。その前提を無視して「ＢＬ漫画はゲイ差別だ」と糾弾するのはあまりにも荒っぽい議論だと思います。

つまり男が男をレイプするシーンはゲイを蔑んでいるのではなく、ジェンダーがイコールな男と男によるセックスを読者である女性が第3者の視点（安全圏）から観賞するという構図になっているのです。そこでは現実のゲイ差別は一切関係ないのです。

ＢＬは女がゲイを搾取しているとの議論もありますが、ゲイだって男女モノのアダルトビデオが好きだという人は多いわけです。昔のような素朴な権力論では複雑な社会は分析できないのです。

作家でバイセクシュアルの森奈津子氏は、《ロマンティック・ラブ・イデオロギーの「性的行為は愛を伴うべき」とする価値観が、ＬＧＢＴ運動にまで入り込み、活動家がＢＬ作品のレイプ描写はゲイ差別という主旨の発言をする段階にまで至ってしまった。プロでもアマでも、表現者はこの現状に危機感を持ったほうがいい》と警鐘を鳴らします。

その森氏の心配が現実化した出来事がありました。LGBT活動家のクレームによって上映中止に追い込まれた映画が出てきたのです。それが『バイバイ、ヴァンプ!』でした。

これは名古屋発の7人組グループ「祭nine.」の寺坂頼我《らいが》氏が主演を務める青春ホラー映画。ヴァンパイアにかまれると同性を好きになるという設定が「同性愛者に対する差別」だと告発されました。「快楽に弱く、ところ構わず性的な接触を求めだす」とか「相手は誰でも良い」とか「同性間の友情が成立しなくなる」という描写が同性愛者への偏見につながるとも。今でもネットで見ることのできる予告編動画によると、複数の女子生徒同士が教室内でキスをする姿や、銭湯で裸になっている男子生徒たちの姿を確認することができます。

しかしながら、ネットで活躍する弁護士の鈴折氏(アカウント名)は、LGBT活動家の見方は間違いだと以下のように指摘します。

《バイバイヴァンプ、あの作品から見えるのは「同性愛への嫌悪」じゃなく「美少年同士や美少女同士が性的に絡み合うのを見て興奮する」という「異性愛者の性欲」ですよ》

つまり鈴折氏は、『バイバイ、ヴァンプ!』は同性愛差別というより、明らかに同性愛ポルノを楽しむ腐女子、腐男子のメンタリティで制作されたものだというのです。その上で、LGBT活動家には映画の中にある「同性愛」は見えても「異性愛」が見えていない。作中に描かれている異性同士のセックスアピールが見えていないのだといいます。「あなたが異性愛者に興味がないから、異性愛者の性欲が作中から読み取れないだけ」「異性愛者には見えないものがあると同様に、同性愛者にも見えないものがあるんですよ、当然でしょう」と鈴折氏。そして「ヘイトっていうのは『嫌い』が基礎にあるものをいうんですよ。『好き』が行き過ぎて相手に不快感を与えるのはヘイトでも差別でもないんですよ」と諭すのです。私は「なるほどなあ」とひざを打ちました。要するに先ほど私が説明したBL漫画と同じ構造なのです。そこで描かれているのはゲイへの差別ではなく、あくまでも男性同士のセックスへのまなざし。この視線の構図がわかっていないので、「差別だ」と早とちりをしてしまうのです。

そして鈴折氏は、LGBT運動の抱える問題にも言及します。

《バイバイヴァンプ問題、何がアレって、「性的指向はエロスや性欲とは関係のないものなのに、ゲイと性欲を結びつけているから駄目」という、LGBT擁護運動のいっちばん駄目な傲慢極まりない部分が凝縮されてるのがなんとも……》

鈴折氏は、性的指向は性欲とは関係ないという言説は同性愛を忌むべきものとするキリスト教圏で考え出された方便であり、ゲイは聖人君主でも何でもない。ゲイビデオには「男のチンコ触って喜んでんじゃねぇよ、お前」というゲイを性的「嗜好」と捉える手法や、ガチのノンケにゲイセックスをさせて性的興奮を得る手法が溢れている。それなのに同性愛は高尚で性欲の問題ではないというのは誤魔化し以外の何物でもないといいます。また鈴折氏は、同性愛は美しい恋愛パートナーの話なのだという言い訳をし始めてからLGBT運動はポルノ排除運動のようになってしまった。「正しい同性愛」「正しくない同性愛」というのを、好きじゃない相手には性的に興奮しないことを賛美する女性主義的性欲の文脈から語るなと主張します。「女性主義的性欲」というのは、ネットでよく使われる用語です。「相手を問わず性欲を抱く男性的性欲」を唾棄すべきものとし、「どれだけセクシーでも好きじゃない相手には興奮しないという女性的性欲」こそ素晴らしいという女性性欲絶対主義・純愛主義を映画の善悪判断に持ち込むなというのです。LGBT活動家はフェミニズムに影響を受けている人も多い。女性的性欲を善とし男性的性欲を悪とするのはその弊害でしょう。けれどもゲイにとって男性的性欲は否定されてしかるべきものなのでしょうか。私はそうは思いません。ゲイも男性ですから異性愛者の男性と同じくらい性欲はありますし、性的な視線を異性愛者の男性に向けることもあります。もちろん法に触れるようなことをすれば犯罪ですが、ゲイの性欲そのものは悪ではない。ゲイのセックスを自虐的に蔑む若いLGBT活動家が増えていることに危惧を覚えています。それは生まれてきた自分を否定することと同じであり、自由・解放とは真逆のベクトルだからです。

5-4 慶應大生のXジェンダーがミスターコンにエントリー

■「単なる線引きのやり直し」ではいけない

慶應義塾大学公認で、学生たちが主体で運営している「ミス・ミスター慶應ＳＦＣコンテスト」は２０２０年に規定を変更し、「出生の性別を問わず、個別の判断でミス・ミスターのどちらに応募してもよい」としました。女性はミスコン、男性はミスターコンというこれまでの慣例を変えて自己申告制にしたのは、ネットを中心とした世論のジェンダー規範への厳しいまなざしを無視できなくなったからだといいます。そして実際に「ミスター慶應ＳＦＣコンテスト２０２０」のファイナリストの一人として女性が選ばれることとなったのです。彼女は女性としてタレント活動をする一方でメディアによってはＸジェンダーだとも答えており、男性的なビジュアルでいたほうがしっくりくるという理由で応募したとのこと。「ＴＰＯに応じて使い分けていきたい」と話します。しかしながら、異性愛者の男性でもミスコン／異性愛者の女性でもミスターコンに出場できるとするなら、それはもうミスコン／ミスターコンとは言わないのではないでしょうか。

ミスコンはルッキズム（外見至上主義）やセクシズム（性差別）、エイジズム（年齢差別）

だとして1970年代から繰り返し批判にさらされてきました。この間さまざまな抗議が行われ、見る性・見られる性を逆転させたミスターコンを創設するなど模索をしてきたものの、私にはさらに混乱が深まっているように感じられます。「モデルのように痩せている女性は魅力的、シンメトリーな顔の女性は美しいというのはステレオタイプ。男性目線で順位づけすることは差別である。画一的な美はコマーシャリズムによって刷り込まれたものだと気づこう。これからのミスコンは内面も含めた多様性を重視すべき」との批判は、相対化のためには必要だったのかもしれません。しかしだからといって、男性にモテるための美容やファッションに人生をかけている女性を全否定することはおかしい。アイドルなど美醜のジャッジがあるからこそ成り立つ職業はたくさんあります。強制されたものでない限り、女性たちの自己決定は尊重されるべきなのです。既存のミスコンが気に入らないのであれば、自分たちで別の大会を開く方法だってあります。

また、現代美術作家の柴田英理《えり》氏は、資本主義の論理は何もミスコンで選ばれるような基準の中にだけ存在するわけではないといいます。近年、「美の多様性」「ボディ・ポジティブ」という言葉をよく聞くようになってきました。なぜか？　多くの人は、人々の意識が高くなったためだと思っているかもしれません。でもそうではない。アメリカ人の70パーセントは肥満であり、企業にとってその分野はブルー・オーシャンなのです。つまりビジネス上の理由が背景にはある。インスタフォロワー数が日本一（939万人）のタレント渡辺直美氏は、ぽっちゃりした女性向けのブランドも立ち上げています。中国やアメリカでも人気の高い渡辺氏は、身体の多様性という広告戦略をうまく展開し、グローバルに市場を開拓しています。そこには大きなマーケットがあるのです。ただし、体重が300キロもあって部屋から出られないような病的な女性はプラスサイズモデルにはなれない。「踊れる健康的なおデブ」には商品価値があるけれど、彼女たちはそうではないからです。身体のダイバーシティといっても、よくよく観察すると美醜のジャッジは行われているわけです。こうした美の価値評価もまた、資本主義の要請として出てきたもの。消費者は正しさを自己選択しているつもりでも、実は選ばされているのかもしれないのです。

そもそも入学試験のような知能による選別は良くて美醜による選別はダメだというロジックは破綻しています。美術家のろくでなし子氏は《賢い人が、持って生まれた知性を武器に学歴を積み上げ、研究発表で受賞したり評価されるのと同じ様に、容姿がいい女性が、持って生まれたそれを武器にミスコンに出たり、レースクイーンになったり、Twitterで自撮りを披露してるだけなのに、なぜ後者は卑下されがちなの、へんなの……》といいます。これは核心をついた発言だと思います。21世紀に入って高偏差値大学ではミスコンの廃止が相次いでいます。しかしそこには、自らが背負っている差別性を顧みる視点はなく、ただただ

「ジェンダーについて考えてるオレたちってかっこいい」という自意識が漂っているだけ。自分たちはガラスの天井を壊しているつもりかもしれませんが、やっていることはラインの引き直しに過ぎず、新たなガラスの天井を作ることに加担しているのです。

哲学者の井上達夫氏は『週刊読書人』（2016年12月9日号）の対談で、平等主義のリベラルが陥った自己矛盾についての事例を紹介しています。

① 女性や黒人のためのアファーマティブアクションで優遇されるのは子どもを一流大学に進学させられる教育投資を行えるだけの上層の人たち。下層の人たちは「逆差別的優遇をしてやっているのにうだつが上がらないのは、お前らが無能怠慢だからだ」と烙印を押された。

② 職場の「環境セクハラ」を企業に対する「懲罰的損害賠償」訴訟で撲滅させる運動は、男性並みに給料のいい現場労働を望む低学歴の女性たちから職を奪うという帰結を伴った。

③ ジェラルド・コーエン氏は平等主義的リベラルの代表たる法学者ロナルド・ドウォーキン氏を批判し、著書『あなたが平等主義者なら、どうしてそんなにお金持ちなのですか』（こぶし書房、2006年）を書いた。ドウォーキン氏はものすごい高給でニューヨーク大学に引き抜かれたが、そのコストは授業料に転嫁され、学生のローン負担が上昇した。

正しさを叫んでいるだけではまっとうな社会はやって来ない

こうした自家撞着に日本の高偏差値大学の学生も陥っているのではないか。線を引けば必ずそこからはじき出される人がいます。リベラル派はそのことをどれだけ意識しているでしょうか。

社会はリベラル派が考えるよりもっと複雑なのだということを示すエピソードがあります。2000年代初め、私は新宿2丁目のゲイナイトによく通っていました。LGBTという言葉がまだなかった時代、暗闇の中でミラーボールの光のシャワーを浴びながら仲間とともに踊っていたことを昨日のように思い出します。その頃は、まだまだゲイに対する偏見が強かった。だからこそ、喜びも悲しみも「言わなくても分かり合える」といった一体感があの時代のクラブにはあったような気がします。定番曲である『Love Shine A Light』や『Let The Joy Rise』がかかると、耳の中いっぱいに多幸感が広がっていきました。「どうかこの時間がいつまでも続きますように」との願いも儚く、朝が来るのはいつもあっという間。朝焼けの2丁目を後にして、始発の新幹線で秋田県に戻っていきました。

そんな私が今でも忘れられないドラァグクイーンのショーがあります。それが肉乃小路ニクヨ氏による『BON VOYAGE』です。これは1985年にフジテレビの『夜のヒットスタジオ』で1回だけ放送された幻の名曲を音源として作られたものです。そのとき歌っていたのは女優の松坂慶子氏。演出・構成は、つかこうへい氏でした。曲は松坂氏のこんな台詞から始まります。

（台詞）

あのー、私の知り合いで、2丁目でスナックをやってますオカマのマスターの人がいるんです。彼が『BON VOYAGE』っていうシャンソンを東北弁で歌うのが私大好きで、よく聞きに行ったもんなんですけれども、いつもは陽気なその人がある日遊びに行くと止まり木に座って泣いてるんですね。「どうしたのぉ」っていうと「慶子ちゃ〜ん、オカマも年取ると辛いよぉ」っていうんですよね。話聞いてみたら、なんでも若い男の子と一緒に暮らしてたんだけれども、逃げられちゃったっていうんです。「どうして逃げられたの」って聞いたら、いつもは早起きして髭をそってお化粧をして朝ご飯の支度をしてからその人を起こしてたんだけど、マスターももう60歳過ぎてて疲れが出たんでしょうね、うっかり寝過ごしちゃって、股引履いてるのと肩にサロンパス貼ってるのを見

『夜のヒットスタジオ』で歌う松坂慶子氏

られちゃって、「なーんだマスター、歳なんだね」って逃げられちゃったっていうんです。
悲しい歌でした。悲しい東北弁でした。

♪
やんめてよお、無理した、悲しそうな顔は、おらと別れるための
恨んじゃあ、いねえど、たんだ憐れんでるだけ、あんだと結ばれる人を
BON VOYAGE　あんだ無しでも、太陽は照るもの
あんだなど、いまはもう、愛しちゃいないわ、もう、けえってくんでねえど
怒ってみたとて、仕方ねえもの、こん花をその人にあげてね
そしてあたしは、ただ友達だったと、その人に言い訳をしましょう
BON VOYAGE　もういいの、そんなにやさしくしねえで
あんだは好きなように、捨てればいいのに、おらの涙などかまわず
いまさら、そんな気も、もうねえだろうけれど、最後のおねげえ、聞いてね
こん船が出る時、このテープをもって、これだけは捨てないでいてね
BON VOYAGE　この言葉で、あんだが見えなくなったら
ちぎれたテープ握りしめて、涙で幸せ祈るの
（台詞）

そのマスターが死んだっていう知らせを受けたのは寒い11月のみぞれの降る日でした。岩手県の花巻市のおっきな旅館の前で行き倒れのようにして死んでいたんだそうです。彼の冷たくなった体に、雪が深々と降り積もってたんだそうです。彼がよく私に話してくれてました。「慶子ちゃん、あたしンちはさあ、花巻市でおっきな旅館やってんだよ。80過ぎたおふくろが一人で切り盛りしてんだ。ほんとはさあ、オレ一人息子だからさあ、後継がなきゃいけないんだけど、おふくろ知らねえんだ、たった一人の息子がオカマだって知ったらおふくろどんな気持ちがするだろうね。慶子ちゃん、ふるさとに帰りてえなあ。おふくろに会いてえなあ」って。彼はなぜかこんな私のことを気に入ってくれてて、「慶子ちゃん、あんたといると楽だわあ。だってあたしたち、女同士だもんね。女同士だもんね」

♪

BON VOYAGE　あなた無しでも、太陽は照るもの

あなたなどいまはもう、愛しちゃいないわ、もう帰ってこないでよ

BON VOYAGE　もういいの、そんなに優しくしないで

あんだは好きなようにしてればいいのよ、あたしの涙などかまわず

涙で幸せ祈るの

これを聞いて私は涙が止まりませんでした。地方から出て行った知り合いのゲイの姿が何人も瞼の裏に浮かんできました。私だけではなく、多くのゲイが同じ気持ちを持ったといいます。しかし、現代のポリコレの価値観から言えば、この歌は差別だと断罪されるでしょう。オカマという言葉が使われていること、若い男に逃げられた高齢の同性愛者を滑稽に描いていること、主人公にゲイと女性を混同して語らせ、女性属性は一段低い存在だと表現していること、そして、同性愛者に悲壮な死を迎えさせていること。まさにこうした批判を、リベラルメディアは毎日のようにＬＧＢＴ関連のニュースで報道しています。けれど、この歌に描かれているような人生の猥雑さを、すべて差別の一言で切り捨ててしまっていいのでしょうか。劇作家のつかこうへい氏は、生前ホモフォビアだといわれていました。マスコミでの発言の中に、「オカマ」を揶揄するような場面が見られたからです。確かに時代の限界はあったかもしれない。でも、つか氏は、人生そのものが悲喜劇だと悟っていたのではないかと私は想像するのです。どうしようもなくバカで、だからこそ愛すべき存在を戯曲にしてきたのがつか氏だからです。そのつか氏の作った歌に大勢の同性愛者が胸を震わせ、大粒の涙を落としている。それは人間に対する深い洞察と真の優しさが感じられるからです。

ゲイナイトでこの曲を伝承し続けているドラァグクイーンの肉乃小路ニクヨ氏は、１９９

6年から活動しているベテランです。彼女がこの歌を繰り返し舞台で披露する理由も、人生の機微を感じているからなのかもしれません。背が180センチと高く、腕と胸は毛むくじゃら（現在は脱毛済み）のニクヨ氏ですが、ひとたびハイヒールを履いて舞台に立つとその場の空気は一変します。そして、ゲイたちは「人生って確かにそうだよな」と感銘を受けるのです。私がLGBT問題について考える際、いつも頭にあるのがニクヨ氏のパフォーマンスです。リベラル派は「正しい主張をして何が悪い」といいますが、正しさを叫んでいるだけではまっとうな社会はやって来ない、そこから零れ落ちるものを大事にしなければならないとニクヨ氏は教えてくれているような気がします。

対話の糸口を見つけ出せ

もう一つエピソードをご紹介します。皆さんは「勝共UNITE」をご存知でしょうか。これは統一教会（現・世界平和統一家庭連合）の下部組織に当たる大学生を主体とした団体のことです。統一教会は、LGBTには大変厳しい論調で知られています。地方自治体で成立が相次いでいる同性パートナーシップ条例に反対し、同性婚合法化にも反対するなど、LGBT当事者からはまともに議論することのできない相手だと思われてきました。ところがその勝共が、Twitterにこんな文章を綴ったのです。

《改めて『新潮45』10月号と『月刊Hanada』12月聖夜号を読み直す中で、普段ＬＧＢＴの方々と関わりのない私にとっては、当事者である松浦大悟さんの寄稿や対談内容に目からウロコでした。機会があればぜひ直接お話を伺ってみたいです》

私は早速連絡を取り、少人数のミニ集会でも構わないので呼んでくださいとお願いしました。するとすぐにレスポンスがあり、《松浦さん、ご返答どうも有難うございます！　ぜひとも集会／勉強会にお呼びできるよう、前向きに検討させていただきますので、引き続き、どうぞよろしくお願いします》とのこと。私は、統一教会系新聞である『世界日報』にも取材をしてもらいたい旨を重ねて要求しました。

なぜ私が統一教会とつながりのある勝共の勉強会を引き受けようと思ったのか。それには訳があります。ＬＧＢＴは生きづらさを抱えているとＬＧＢＴ活動家は言いますが、では一番苦しんでいるのは誰か。それは理解をしてくれない親を持つ子どもたちです。頑なにＬＧＢＴを拒む親は保守派にもリベラル派にもいるけれど、宗教上の理由からどうしても認められないという親を持ってしまった子どもたちの絶望は計り知れないものがあります。その子たちに、どうか声を届けたい。私ならその役割が担えるかもしれない。そう思ったのです。

しかし、私と勝共との対話をツイッターでこっそり見ていたＬＧＢＴ活動家たちは、両者を合わせないために容赦のない誹謗中傷を始めたのです。彼らは「反共と連携するのか」

「カルトだ！」と口角泡を飛ばして邪魔をしてきましたが、宗教的信念を持つ家庭に生まれたLGBTの子どもたちに寄り添う言葉は最後まで聞こえてきませんでした。その後、勝共の大学生からは、さまざまな事情で勉強会の開催が難しくなったと私のもとへ断りのメールが届きました。こうした状況を見て、組織の上のほうがストップをかけたのかもしれないと思いました。私は本当に悔しかった。彼らが「同性婚反対」といっている言葉の裏には血の涙が流れているかもしれないということに、どうしてLGBT活動家は気がつかないのだろう。LGBT活動家こそが理解を阻んでいる張本人ではないか。そう感じました。

私は統一教会の考え方を知ろうと、彼らがユーチューブにアップしている番組を見ました。そこには興味深い論点が挙げられていました。彼らは「LGBT問題」と「LGBTの人権運動問題」は違うものであるといいます。LGBT問題というのはLGBTという性的少数者の方々の存在そのものに関する内容であり、統一教会は性的少数者の人権を認めないということはない。異性愛者であっても同性愛者であっても一人の人間としての価値は同じである、と。それでは何を問題視しているのかというとLGBTの人権運動についてだというのです。LGBT人口を水増ししてマスコミに流したり（印象操作の問題）、敬虔なクリスチャンの花屋が同性婚のブーケを作ることを断ったら裁判に訴えられて罰金を命じられたり（信教の自由の問題）、アメリカ教育省の公式文書の記載欄から「父」「母」が削除され「親1」

「親2」に変更されたり（家族の軽視の問題）、おかしなことがたくさんある。だが反論すればば差別だといわれる。こうしたやり方自体に不信感を抱いているとのことでした。

私はこれを見て、彼らが何に疑問を持っているのか納得しました。そしてここには対話の可能性があると確信したのです。ＬＧＢＴ活動家や彼らと心情を同じくするリベラルメディアは、ＬＧＢＴ運動に反対する人たちを悪魔化し、彼らの声に耳を傾けようとしません。そこに最大の問題があったのです。これまでのＬＧＢＴ運動に瑕疵《かし》はなかったのか、もう一度総点検をすべきではないでしょうか。

第6章

LGBTに対する理解を深めるために

6-1　LGBTが故郷を去る理由

■固定化されやすいスクールカースト

２０１９年夏、今年も秋田県大仙市大曲で全国花火競技大会が行われ、夜空に咲く大輪の花に多くの人が酔いしれました。人口約４万人弱の大曲地区にこの日ばかりは80万人近くが集まります。地元の皆さんが時間をかけて育て上げたイベントは、いまや秋田県民全体の誇りとなりました。令和になって初めての開催（8月31日）に、会場で見ていた私も胸が高鳴りました。ところがそれは次第に息苦しさへと変わっていきました。クライマックスの大会提供花火のメッセージがあまりに重く感じられたからです。

花火に合わせて音楽と台詞を流す演出は次のような内容でした。

平成生まれの女性主人公が就職して数年後に起こった東日本大震災。

友達は「俺、田舎に帰ることにした。復興、手伝う。人の役に立つ仕事がしたいんだ」という。

ひとり取り残された主人公は、自分に何ができるのだろうと悩む。

故郷で綺麗な鎮魂の花火を見た彼女は、地元に戻り小学校の教師になることを決意する。

「帰っておいで」という地域の皆さんの切実な思いはよく分かります。しかし私は、正直「絆」という真綿で首を絞められている感じがして心がつらくなりました。こうした呪縛から逃れたくて若者は県外に出て行くのではないのか、と思ったのです。

秋田県の人口は昭和31年の１３５万人をピークに近年では毎年1万５０００人ずつ減り続け、令和元年には96万７７４０人となりました（令和3年7月1日現在、93万９８５５人となった）。県外流出が止まらない原因としてよく雇用問題や就学問題が語られますが、評論家の御田寺圭《みたてらけい》氏はそれだけが理由ではないと著書『矛盾社会序説 ―― その「自由」が世界を縛る』の中で指摘します。彼らの故郷からの離脱の背景には「終わらない学校生活」への厭気があるというのです。

地方で暮らす若者は小学校、中学校、高等学校までの人間関係が固定化されやすく、「スクールカースト（学級階層）」がそのまま「地域カースト」となります。スクールカースト下位の人間はいつまでたっても下位のまま。彼らはそうした関係性を嫌って東京へと去っていくのだ、と。「絆」と「柵《しがらみ》」はコインの裏表。地域社会の絆が再検討されない限り、若年層が戻ることは難しいのかもしれません。

■「ゲイバレ」を恐れる秋田のゲイ

ＮＨＫが大都市圏に出て行った若者に「将来秋田県に戻るか」というアンケートをしたところ、およそ8割が戻らないと答え、親御さんに「将来子供が秋田県に戻ることを望むか」と質問したところ「はい」との答えは20・9パーセントしかなかったといいます。人生の時間は限られている。一生において「どこで暮らすのか」「誰と暮らすのか」は自らの幸せを追求する上で大変重要な問題です。

ところが、もう一方の故郷にとどまった若者の側に立てば、見えてくる風景は一変します。２０１８年に放送された所ジョージ氏の番組『1億人の大質問!? 笑ってコラえて！　年末4時間ＳＰ』にショックを受けた人は私だけではないと思います。日本列島ダーツの旅「村人グランプリ２０１８　東日本編」のコーナーでインタビューを受けた秋田県にかほ市象潟町《きさかたまち》在住の男性は、ゴールデンウィークに帰省していた同級生の男女に対し、「若者は皆県外にいる。残っているのは俺だけ。みんな裏切り者」とカメラの前で怒りをぶちまけたのです。自分の運命を引き受け、祭りや町おこしなどをコツコツ行ってきた者にとっては、「一抜けた」と自由に羽ばたいていく人間がフリーライダーに見えるのです。

分断された二つの感情は、すれ違うこともなく、ただただ静かに人口だけが減っていく。国も県も市町村も地方人口の社会減対策を第1の目標に掲げ、審議会などで真剣な議論を行っているものの、住民の本音をうまくすくい上げられていないように感じます。秋田県で生まれた多くのLGBTも毎年都会へと出ていきます。リベラル政党は近年LGBTに急接近し、政策にも取り入れ始めました。しかし、そこにも勘違いがある気がしてならないのです。

リベラルは新自由主義に反対し、反グローバリズム、ダウンシフト（脱成長）、分散型社会、エコでスローなライフスタイルなどを価値として掲げます。それこそが弱者をも包摂する持続可能な共同体の姿だと理想を語ります。だけどLGBTは、そうしたつながりが強すぎるローカルの「まなざし」に耐えられないから都市へと逃げていくのです。

どんなにすばらしい哲学で運営される町であっても、共同体の絆のメリットを受け取れないLGBTにとってそこはディストピア（暗黒郷）でしかない。都会での生活がたとえ新自由主義的な「無関心という名の疎外」でも、視線のない世界のほうがまだマシと感じられるのです。

2018年、数年ぶりに秋田県にゲイバーが2軒も誕生したニュースは、県内のゲイ当事者を喜ばせました。秋田県には以前からゲイバーがなかったわけではありません。出来てはつぶれ、出来てはつぶれの歴史を繰り返してきたのです。店がオープンしても顔を出せる客は限られており、最後には経営が行き詰まってしまうからです。では秋田のゲイはどうして顔バレを極度に恐れるのでしょうか？

これはかつて秋田市の歓楽街、川反《かわばた》にあったゲイバーで私が実際に体験した話です。いきなり店のドアが勢いよく開けられ、びっくりした私たちが振り返ると、そこには酔っぱらったノンケ（異性愛者）中年サラリーマンが立っていました。

その男は「〇〇ちゃん、いるか？」とニヤニヤしながら店内をなめ回すように見渡し、どんな人がゲイバーに集っているのかを確認した後、ドアをバタンと閉めて去っていったのです。

秋田は東京とは違い、匿名的には生きられない社会です。「ゲイバレ」してしまうことの厄介さを考えると、ゲイバーに人が集まらないのは合理的判断の結果と言えるのかもしれません。

ゲイバーのママがこう嘆くのです。「ゲイのお客さんがね、身元が分からないように、公衆電話から電話をかけてくるのよ。店内の様子やどんな人が来ているのかを聞かれるわ。その人は店の階段の下まで来たみたいだけど、結局入ってこなかった。これが２０１９年の秋田の実態よ」

そして、そのゲイバーも店を閉め、ママは秋田を去りました（令和3年2月、コロナで経済状況が悪化し、もう一軒のゲイバーも閉店しました）。

２０１９年9月、仙台市では宮城県として初めてのＬＧＢＴパレードが開催されました。青森県、岩手県に続き東北では3番目となります。絆は「包摂と排除」という二つの機能を併せ持ちます。これを機に、地域社会の絆の再点検が進むよう願ってやみません。

6-2 国権論としてのLGBT

リベラル派が非難する「ピンクウォッシュ」とは

みなさんは、ピンクウォッシュという言葉をご存知でしょうか。これはＬＧＢＴ活動家やクィア研究者がよく使う分析概念です。たとえばイスラエルはパレスチナと対立していますが、ＬＧＢＴにはとてもやさしい国です。街にはレインボーフラッグが掲げられ、ゲイバーも充実。ゲイビーチには海外からも当事者が集まり、レインボーパレードには25万人が参加します。ＬＧＢＴの人権を認めない国がほとんどの中東において、イスラエルだけは異彩を放っているのです。ところがそうした事態を面白く思わないのが左派学者たちです。「イスラエルはパレスチナへの弾圧や暴力を覆い隠すためにＬＧＢＴを利用している。ピンク（Ｌ

GBTフレンドリーなイメージ）でウォッシュ（パレスチナへの人権侵害の実態を漂白）しているのだ」と難癖をつけてきたのです。左派は昔からパレスチナを心情的に応援してきました。日本赤軍の重信房子氏を思い出していただければわかる通りです。しかしパレスチナはイスラム教の国であり、LGBTへの対応には厳しい側面を持ちます。差別されている国がLGBTについては差別をしていたという事実が広がれば、イノセント性は失われます。そこで考え出された苦肉の策がピンクウォッシュという概念だと見ることもできるのです。

オランダでも似たような出来事がありました。オランダは多様性を重んじる国です。世界初の同性婚容認（2001年）、「飾り窓」に象徴される売春の合法化、大麻使用の非犯罪化、安楽死の法制化など、欧州でも先頭を走るリベラル国家です。そのオランダが、移民入国の条件として、「LGBT差別をしないこと」という項目を設けたのです。つまり、LGBTを認めない教義を持つイスラム教徒たちに踏み絵を踏ませたというわけです。左派学者たちはこれに対しても「ピンクウォッシュだ！」と騒ぎ立てました。

こうしたLGBT活動家や大学教授の言い分について、ある大学生がツイッターで卓抜なツッコミを入れていたのがとても印象的でした。その学生はこう書きこみました。

《ピンクウォッシュ（ピンクウォッシング）の最前線は「大学」である。「グローバル化」「ダイバーシティ推進」を旗印に、競って「LGBTの受け入れ」をアピールし始めているが、職員の非正規雇用化が進み、非常勤の待遇の劣悪さは変わらない。常勤職のクィア研究者はこの構造に大いに加担している。みたいな言い方はいくらでも出来てしまう訳で、ピンクウォッシュとかピンクウォッシングとかいう言葉を振りかざすのは、単なる（気にくわない）活動家潰しに便利な言葉でしかない気がするなぁ》

大学でジェンダー学やセクシュアリティ研究を履修する学生の中からも、「あれ？　先生の言ってること、変だよなあ……」と疑問を持つ人が出てきたことは、たいへん頼もしいことだと思います。ピンクウォッシュという概念には、10代の子でさえ気づく「穴」があるのです。

イスラム思想研究者の飯山陽《あかり》氏は、イスラム教には「本当は女性に優しい宗教だ」「異教徒にも寛容な宗教だ」といったイメージがあるが、それは私たちの勘違いにすぎないと断言します。『コーラン』や『ハディース』などの原典に立ち返れば、多神教徒である日本人は敵であり殺害対象。仏教徒もキリスト教徒も同様に攻撃対象なのです。これまでは識字率も低く、イスラム法学者しかテキストに当たることができなかったため、ほとんどのムスリムは世俗化された解釈を信じていた。それは軋轢を起こさないための共生の知恵でもあったわけです。けれども、インターネットの普及で誰でも啓示にアクセスできるようになった現在、異教徒との共生は神の目から見たら間違いかもしれないと多くの人が気づき始めたとのこと。

飯山氏はそうした状況を「イスラム2.0」と名づけます。イスラム教はＬＧＢＴを認めることもできません。なぜならイスラム法において否定されているからです。同性婚についても西洋の価値観に与するつもりはないといいます。『コーラン』の第53章45節に「彼（神）は男と女を夫婦として想像した」とあり、男と女が結婚する以外の選択肢はないからです。中東だけでなくインドネシア、マレーシア、ブルネイなどでも反ＬＧＢＴの勢いは増しています。黄昏れ行く欧米に比して今後イスラム圏の人口は爆発的に増えることが予想されており、ＬＧＢＴをめぐる情勢は逆転する可能性があるのです（飯山陽『イスラム2.0』参照）。

　フランスでは旧植民地からの移民労働者の流入が止まらず、雇用のパイの奪い合いになっており、右派政党の国民連合（旧国民戦線）にたくさんの支持が集まっています。移民のおよそ半数は北アフリカ諸国出身のムスリムなので、ＬＧＢＴたちも国民連合の応援に回っているようです。巷間、排外主義だといわれている国民連合ですが、マリーヌ・ル・ペン党首の発言をよく聞くとそう簡単には断定できません。彼女はムスリム移民の排斥を唱えているわけではなくて、「フランス社会にふさわしいイスラーム」を求めていくとしているのです。つまり条件づき肯定です。十分に世俗化されたイスラム教徒なら共生することを厭わないというわけです。これは哲学者ユルゲン・ハーバーマス氏が『公共圏に挑戦する宗教――ポスト世俗化時代における共棲のために』で述べた世俗主義とほぼ同じです。左派学者は、果たしてこれらもピンクウォッシュだというのでしょうか。

台湾の立法院では2019年に同性婚を合法化する法律を可決し、アジアで初めて同性婚が認められた地域となりました。蔡英文総統はツイッターで、「2019年5月17日、台湾では愛が勝った。私たちは真の平等に向かって大きな一歩を踏み出し、台湾をより良い国にした」と喜びを表明しました。これに対して中国全国人民代表大会（全人代）の報道官は、同性婚を認めないという中国の法的立場に変わりはないと発言。「中国の法律は男女間の結婚のみ認めている。この規則は我が国の状況や歴史・文化的伝統に合っている。私が知る限り、世界の国々の大部分は同性婚の合法化を認めていない」と語ったといいます。

台湾が同性婚に力を入れている理由、それは中国へのカウンターであることは間違いないでしょう。台湾に近い中国沿岸部には最新鋭のミサイルが配備され、緊張感が漂っています。経済においても中国依存を脱することのできない台湾は、いつ飲み込まれてしまうかわからない恐怖と闘っています。香港の混乱を見ればそれが杞憂ではないことは、日本に住む私たちにも容易に想像がつきます。だからこそ蔡総統は、台湾は中国とは違う価値観を持った「国」なのだと大声で世界に向けて訴えているのです。中国とは違う価値観とは何か。それは「人権」です。しかし、対中国へのソフトパワー戦略として「人権」を持ち出すとき、それは「国権」でもあるのです。台湾は人権主義としての同性婚ではなく、国権主義としての同性婚を実践しているともいえる。ところが、左派学者たちは、台湾の同性婚をピンクウォッシュだとは言わない。それどころか「台湾は進んでるわよね。日本はダメね〜」と日本叩きの材料にするのです。これは明らかに二重規範です。

アメリカではオバマ元大統領の肝いりで軍隊内でのLGBTの権利が認められたと第4章でお話ししました。これだって、見ようによってはピンクウォッシュです。軍にLGBTの権利が認められたうれしさに、当事者たちは歓喜乱舞していました。しかし私には、あの太平洋戦争のときの日系人部隊の姿と重なって見えてしかたがありませんでした。差別されていた日系人たちは、他のいかなる者よりも合衆国憲法に忠誠を誓いうることを示し、自らのポジションを上げようとしました。平等が貫徹しうる軍隊の中で、差別されたる者が戦場において最も勇猛果敢な戦績を残す、誰よりも国体への貢献をなす、という逆説は古今東西どこにでもある逸話です。オバマ政権がLGBTを軍事外交上のひとつのカードに使っていることは誰の目にも明らかでした。しかし左派学者は、そのことについても何も言わないのです。

リベラル派は、自分たちに都合の悪いことはピンクウォッシュだといい、自分たちに都合のいいことについては何も言わない。はっきり言ってこれは、学問的にも政治的にも不誠実な態度です。これまでリベラル派は「弱者」「人権」をキーワードに、イスラム教やLGB

Tを一括して救済しようとしてきました。だがそうした八方美人的なやり方は通用しなくなってきているのです。イスラム教は絶対にLGBTを受け入れられず、LGBTは自分たちが殺されるかもしれないイスラム教を絶対に受け入れられないとなったときに、いったいどのような方策があるのか。不都合な真実をピンクウォッシュというあやふやな概念で誤魔化してはいけない。世界のLGBT政策には国権主義としての側面があることを、わが国の保守政治家にも把握しておいてもらいたいのです。

6-3 LGBT天皇が誕生する日

同性婚について考えることは国家の鋳型について考えること

LGBT活動家が最も口をつぐむのが同性婚と天皇の問題についてです。「天皇陛下と何か関係があるの?」とお思いの方もいるでしょうが、少しだけ耳を傾けてください。

もし日本において同性婚が導入されれば、「国民には同性婚を認めているのに、皇室には認めないのか」という意見が必ず出てきます。皇族に同性愛者がいたとして、日本国民が彼らにだけ同性婚を許さないのだとしたら、それこそ国際的スキャンダルになるからです。

2018年、イギリスではエリザベス女王の従兄弟、アイバー・マウントバッテン卿がゲイ男性と同性結婚式を挙げました。同国では2014年から同性婚制度が施行されていますが、そのときすでに王族の同性婚についても関連法の修正作業がなされていたのです。

わが国の場合、皇族の婚姻は皇室典範によって定められています。その点において一般国民とは違います。しかし皇室典範は、法構造的に日本国憲法の下に位置づけられるものでもあります。皇族周辺からも一般国民からも「皇室の同性婚を認めてほしい」といった要請が出てきたときに反対する勢力がいれば、その者たちこそが「君側の奸」として後ろ指をさされるようになる……。こうした問題に誰よりも早く気づいた政治家がいました。日本共産党の志位和夫委員長です。

志位委員長は雑誌『AERA』の取材で、「私たちは女性・女系天皇を認めることに賛成ですし、性的マイノリティの方など、多様な性を持つ人びとが天皇になることも認められるべきだと考えます」と答えています。そして「天皇は憲法で『日本国民統合の象徴』と規定されています。さまざまな性、さまざまな思想、さまざまな民族など、多様な人びとによって構成されている日本国民を象徴しているのであれば、天皇を男性に限定する合理的理由はどこにもないはずです。かくかくしかじかの人は排除する、ということはあってはなりません。天皇には男性だけがなれるという合理的根拠を説明できる人がいるなら、説明してほしいと思います。同じ理由で、私たちは女系天皇を認めることにも賛成です」と主張するのです。

たぶん異性愛者の皆さんには志位委員長が何を言っているのかクリアにイメージできないと思うので、ゲイである私から少し補足をさせてください。皇位継承に関しては、男系男子を絶対条件だとする保守派は多い。なぜ女性天皇や女系天皇ではダメなのか。それはY染色体がないからだそうです。X染色体は男性女性どちらも持っていますが、Y染色体は男性しか持っていない。つまり天皇である父から息子にしか受け継ぐことができない。Y染色体を遡れば125代前の神武天皇に行きつくという「物語」こそ、わが国が誇る独自性であり、守らなければならない国体だというわけです。左派はこれを「フィクションに過ぎない」と批判してきましたが、万世一系の「物語」を解体することはこれまで不可能でした。そこで志位委員長が思いついたのが「Y染色体」を逆手に取る攻略法だと私は推測しています。

志位委員長は、女性天皇、女系天皇、性的マイノリティの天皇、いずれも認めるべきだといいます。そうすると以下のように分類することができます。

- 男系の男性天皇（継承されたY染色体あり）
- 男系の女性天皇（継承されたY染色体なし）
- 男系のトランス男性天皇（継承されたY染色体なし）

● 男系のトランス女性天皇（継承されたY染色体あり）
● 男系のゲイ天皇（継承されたY染色体あり）
● 男系のレズビアン天皇（継承されたY染色体なし）
● 女系の男性天皇（継承されたY染色体なし）
● 女系の女性天皇（継承されたY染色体なし）
● 女系のトランス男性天皇（継承されたY染色体なし）
● 女系のトランス女性天皇（継承されたY染色体なし）
● 女系のゲイ天皇（継承されたY染色体なし）
● 女系のレズビアン天皇（継承されたY染色体なし）

※Xジェンダーやアセクシュアルの天皇などについては別の機会に考察したいと思います。

この見取り図から分かることは何か。例えば次のような疑問が即座に浮かんでくるでしょう。

「男系男子にしか皇位継承を認めないというのなら、Y染色体がなくても男系トランス男性（身体的性別は女性だが性自認は男性）は天皇になれるのか」

「どこまでもY染色体にこだわるのなら、Y染色体を持つトランス女性（身体的性別は男性だが性自認は女性）は天皇になれるのか。性別適合手術を終えているケースはどうか」

そう、志位委員長は保守派に揺さぶりをかけているのです。

さらに皇室においても同性婚が認められたと仮定してシミュレーションしてみましょう。Y染色体中心主義で考えた場合、これを保持している男系ゲイ天皇が一般男性と結婚し、第三者の女性に卵子を提供してもらい、代理出産によって皇太子をもうけることに異議を唱えることは難しいでしょう。なぜなら息子である皇太子にもY染色体はしっかりと受け継がれるからです。また、男系トランス女性天皇であっても、なおかつレズビアンであれば、一般女性と同性婚することは可能です。男系トランス女性天皇が生殖機能を摘出していなければ、自分の精子を使って体外受精で皇太子をもうけることも出来ます。その際もY染色体は皇太子に継承されるので何ら問題はありません。

驚かれた方もいると思いますが、志位委員長の性的マイノリティ天皇構想を具体化するとこうしたラフスケッチを描くことができるのです。志位委員長は同雑誌のインタビューで、将来、天皇の制度のない民主共和制の実現を図るべきだという立場に立っていること、そして、国民の総意で天皇の制度の存廃の問題を解決する時が必ずやってくるとの見通しを語っています。どうしても崩せなかった天皇という共同幻想を内側から溶かしていくアイデアが、志位委員長にとっての性的マイノリティ天皇構想なのかもしれません。

もし愛子さまが「自分はトランス男性だ」とカミングアウトをされたら皇位継承順位を1位にしなければならないでしょう。あるいはもし悠仁さまが「自分はゲイだ」とカミングアウトをされたら皇室においても同性婚制度を整備せざるを得ないでしょう。あれだけ困難だといわれていた生前退位も、上皇陛下の強い意志とそれに共感を寄せる国民の民意によって実現したわけだから絶対にないとは言い切れません。同性婚について考えることは、国家の鋳型について考えることなのです。

野党の国会議員やLGBT活動家は問題を矮小化し、「同性婚が施行されてもあなたの生活には一切影響ない」といいますがそんなことはありません。同性婚はここまでの広がりを持つ政治課題であり、天皇家の在り方を雛型とした全国各地の文化やお祭り・伝統にも影響を与えることは想像に難くない。だからこそ私は、国民みんなで決める憲法改正での同性婚を訴えているのです。一部の憲法学者は現行憲法下においても解釈改憲によって同性婚制度は作れると論陣を張ります。確かに理屈をこねくり回せば何だってできるに違いありません。だがそれでは、国民の与り知らないところでテクノクラートたちに憲法が操作されたという負の感情はいつまでも残ることになります。今回、図らずも志位委員長が問題の所在を明らかにしてくれました。すべての情報をオープンにし、国民全体で議論を尽くす必要があると改めて思う次第です。

6-4 日本で初めてのLGBT法成立なるか!?

■何をもって差別とするのか

与野党協議で示されたLGBT修正法案は、自民党の会合において議論が紛糾し頓挫したことは第3章で記しました。本来の自民党案では「性同一性」だった部分が「性自認」に変えられたこと、また「性的指向及び性自認を理由とする差別は許されないものであるとの認識の下」という一文が追加されたことが理由でした。

既存マスコミは「差別を許さないという当たり前のことさえ自民党は認めないのか」といった論調で伝えていますが、ここまで拙稿を読み進めてくださった皆様なら自民党議員が慎重になっているのには十分な合理的理由があることを感じてくださるのではないかと思います。性別適合手術を廃止して戸籍上の性別変更を性自認のみで可能にしていこうというトランスジェンダリズムの問題は第2章で指摘した通りです。ここでは後者、つまり「何をもって差別とするのか」を規定していないLGBT法のリスクについて具体例を挙げながら考えていきたいと思います。

野田聖子幹事長代行は取材に対し、「内心の自由はあるが、本人たちが差別だと感ずることについては差別なんだと。それは無くしていかないといけない」と語ったといいます。ではLGBT活動家は何を差別だと主張しているのでしょうか。彼らの「お気持ち」に従い、彼らが差別だと言うものをそのまま国家が差別だと認定することでどのような社会が訪れるのかを見ていきましょう。

【ケース1　草彅剛氏も差別者？】

映画『ミッドナイトスワン』については第5章で詳しく論じました。LGBT活動家は、この映画を差別だと訴えています。スクリーンには性別適合手術後に合併症になる状況が映し出されますが、こうした案件は現在ではほとんどなく、トランスジェンダーの一生を悲劇的に描く演出は若い当事者に不安を抱かせると彼らは非難します。そしてトランスジェンダーの役をそうではない俳優が演じることは当事者の仕事の機会を奪う「搾取」だというのです。実際にアメリカでは、生得的女性であるハリウッド女優がトランス男性役を得たことでLGBTに猛攻撃され、彼女は謝罪をすると同時に降板しました。もし修正案が可決されれば、トランスジェンダー役の草彅剛氏は『ミッドナイトスワン』に出演したのは間違いだったと認め、お詫びしなければならなかったでしょう。この映画は日本アカデミー賞の最優秀作品賞と最優秀主演男優賞を獲得していますが、協会は差別を助長したとして賞を取り消さ

映画『ミッドナイトスワン』HPより

Choose TV オンラインシンポジウム
「結婚の平等へ。同性婚を認めないことは『憲法14条に違反する』」

なければならなかったかも知れません。

【ケース2　政治的主張の違いも差別?】

次に第2章でも取り上げた問題に関わる出来事を紹介します。日本維新の会の音喜多駿《おときたしゅん》参議院議員は、憲法学者の木村草太氏からネット番組で差別主義者だと名指しされました。同性婚訴訟札幌地裁判決を伝えるマスコミについて「『同性婚できないのは憲法違反』報道はミスリード」と述べた音喜多氏に対し、解釈改憲での同性婚が持論の木村氏は、故意にデマを流そうと差別で喋っていると断罪したのでした。番組に出演していたLGBT当事者からは大きな拍手が起こりました。もし修正案が成立すれば、この一方的な決めつけが真実として拡散され、音喜多氏は議員辞職に追い込まれていたかもしれません。

「差別」の定義が何も決まっていない法律になぜ自民党が警戒心を持つのか。それは左派と親和的なLGBT活動家が、政敵を簡単に失脚させる可能性を持つからです。第2章でも書きましたが、札幌地裁判決は「同性婚ができないのは憲法違反」だとは言っていません。事実婚のように、異性婚で生じる権利の一部くらいは同性愛カップルであっても享受できる制度を立法府は準備せよと促しているのです。そして判決文からは、今ある婚姻制度に同性婚を組み入れるためには、やはり憲法改正が必要だということも読み取れます。政治的主張の違いも差別とされるのであれば、我々政治家は何もしゃべれなくなるでしょう。

【ケース3　恋愛相手を限定することも差別？】

さて次も第2章で触れた問題です。新宿2丁目にある老舗のレズビアンバー「Gold Finger」は、月に1回女性限定イベントを開催しています。「安全に、安心して楽しんでいただける環境で、女性同士の出会いの場を作りたい」との思いで始めた催しでしたが、そこにアメリカ人のトランス女性が訪れ、自分を店に入れるよう要求しました。この人は長身の白人で性別適合手術を受けておらず、妻と3人の子どももいました。店側は入店を断りましたが、これを聞きつけたLGBT活動家は差別だとSNSで騒ぎ立て、店主を謝罪に追い込んだのです。

レズビアンバー「Gold Finger」

次頁の画像を見てください。

これは国連の機関である「国連合同エイズ計画」の公式アカウントによる投稿です。

「もし彼女がトランスジェンダーであっても愛しますか？」

「ジェンダーアイデンティティは差別の理由になりません」

つまり国連は、「あなたの付き合っている彼女が性別適合手術

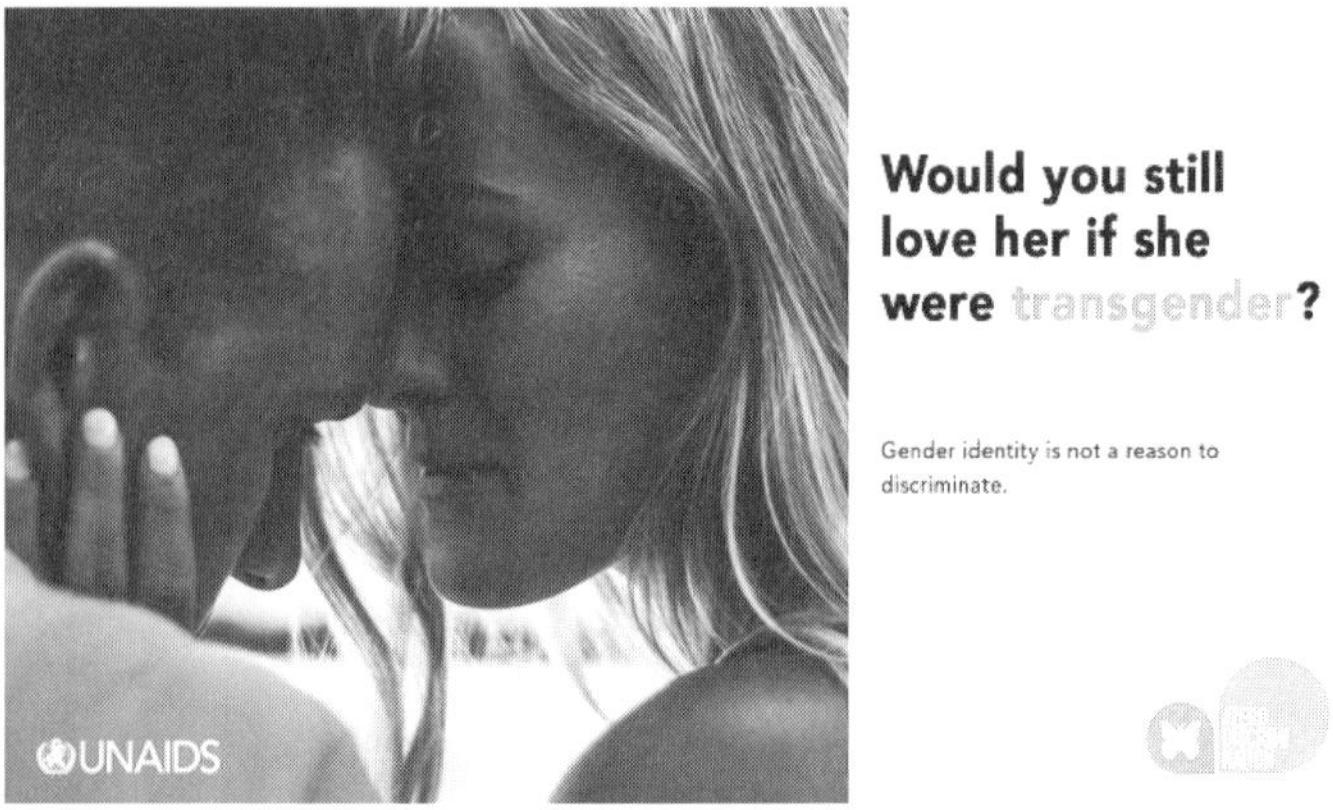
Would you still love her if she were transgender?
Gender identity is not a reason to discriminate.
UNAIDS

によって男性器を除去していないトランス女性だとわかったとしても、そこで恋愛感情が冷めたら差別だ」と言っているのです。

性自認原理主義は、ヘテロセクシュアルの人たちだけでなく、同性愛者とも利益相反を起こします。ゲイを公表している共産党の小原《おはら》明大《あきひろ》市議（京都府長岡京市）は「性自認というのは本来尊重されるべきものであり、それを他人が頭から否定するのは人権を脅かす行為だと思います」とTwitterに書き込みました。そうしたところ、ある生得的女性から「私、今日からトランス男性になったので小原さんの恋愛対象にエントリーさせて下さい。乳房も生理もありますが、性自認が男性なのでいいですよね？　この申し出を断るなら、トランス差別ですよ？」と皮肉を込めたコメントが寄せられました。もし修正案が施行されていれば、ゲイやレズビアンが自らの性愛の対象を身体的男性／女性に限定することは差別になっていたでしょう。

こうしたことを真剣に考えているマスコミは私の知る限りほとんどありません。たとえば新聞テレビは「同性同士の結婚式を式場が断った場合など、さまざまな場面での訴訟が懸念される」という自民党議員の意見を差別だと伝えていますが、その真意がわかっていないように思います。おそらくこれは実際にアメリカやイギリスで生じた事件を念頭に置いた発言です。宗教的信念から同性愛カップルの結婚披露宴用のケーキを作ることを拒否した菓子職人、フラワーアレンジメント販売を断った花屋、結婚式の招待状の図案の依頼を突っぱねたデザイナーが訴えられた裁判は、アメリカ連邦最高裁でも判事の意見が割れました。同性愛者の権利と信仰の自由がバッティングした場合のことを、この自民党議員は懸念しているのです。

以上見てきたような事案に対して「これらは差別ですか？　差別ではありませんか？」と修正案提出者に尋ねても答えに窮するのではないでしょうか。それが「差別」を組み込んでしまったこの法案の難しさなのです。小学校の学級委員会のような「差別は良くない」といった単純な話をしているわけではないのです。

おっはー（小原明大@京… · 2020/10/26 ···

すみませんがよくわかりません。私は自分を同性愛者と思っていますが、誰かにそのように定義してもらう必要を必ずしも感じませんし、誰かにその定義に当てはまらないと言われるのも望みません。性愛の対象って、そんな厳格なものなんでしょうか。

11　30　62

中野五百雀 🔥 ···

@IojakuNakano

返信先: @ohara1095さんと@traductricemtlさん

私、今日からトランス男性になったので小原さんの恋愛対象にエントリーさせて下さい。乳房も生理もありますが、性自認が男性なのでいいですよね？

この申し出を断るなら、トランス差別ですよ？

6-5 「フェアな社会」の実現に向けて

■いまだにLGBTをEテレの福祉枠で取りあげるNHK

日本においてLGBT政策の不備はたくさんあると思いますが、一番の問題は国家による承認がいまだなされていないことだと思います。当事者の中には、小学校や中学校でいじめられて育ち、自己肯定感を持てない人もいる。だからこそ、国が自らの生き方を認めてくれたという安心感が欲しいのです。子どもは敏感ですから、違いを嗅ぎ取ります。そのような環境で毎日の学校生活を送ることは、大変なストレスを生じさせます。私自身も過去に経験があるのでわかりますが、いじめを気にして生きてきた抑うつ感は、大人になってからも消えることはありません。国家が「LGBTは国民の一員であり、我々の仲間だ」と宣言し、その存在を丸ごと承認すれば、格段に生きやすい社会になるはずです。

ただし、私たち当事者が求めていることは弱者救済ではないのです。あくまでもフェアな扱いを望んでいるだけで、決して特別待遇をしてもらいたいわけではありません。たとえばNHKは、いまだにLGBTをEテレ（教育テレビ）の福祉枠で取りあげるのですが、「私たちは福祉の対象ですか？」と問いただしたくなる。昔はインターネットもなく、孤独に陥ってしまう人もいたと思います。しかし、いまは同性愛の情報も豊富ですから、社会人として成功し、週末にはホームパーティで仲間と一緒にわいわい騒いでいるリア充のゲイも普通にいます。インスタなどのＳＮＳを検索してもらえればわかる通りです。彼らは福祉の対象になることを希望しているわけではなく、等身大の自分たちの姿をわかってもらいたいだけなのです。国家に承認してほしいのはまさにその部分で、ＬＧＢＴを「存在」として認めてもらいたいのです。

ＬＧＢＴ活動家は「国はＬＧＢＴ政策にしっかり取り組むべきだ」と説得するために、ＬＧＢＴの子どもたちは自殺念慮（願望）が高いという研究者がまとめたアンケート調査を出してきます。そういう側面もあることは否定しません。ただマスコミがそこだけを切り取って強調すると、ＬＧＢＴは生きづらくてかわいそうな人たちなのだと世の中に偏ったイメージが作られていく。新聞やテレビを見た親は「ＬＧＢＴに産んでしまってごめんなさい」とわんわん泣き、子どもは自分の将来はそんなに暗いものなのかとますます不安になる。不幸の再生産です。どうしてヘテロと同じように仕事に就き、友達もいて恋人もいる幸せなＬＧＢＴを取材してくれないのか。そのほうがよっぽど、子どもたちに希望を与えることができます。感動ポルノとしてのＬＧＢＴをメディアで流し続けている限り、当事者との感覚のズレを埋めることはできないと思います。

あるゲイ当事者は「自分たちは被差別民ではない」と言います。「もし差別禁止の法律ができれば、国家が正式にＬＧＢＴは被差別民だと認めることになる。自分はそれに耐えられない」というのです。ＬＧＢＴ問題は障害者差別や部落差別とは位相が異なります。解決しなければならない課題が違うのです。立法府の皆様には、そのことにぜひ敏感であってもらいたいのです。

『バリバラ』「ＬＧＢＴ温泉派」

先ほどＥテレの話をしましたが、ここで取り上げるＬＧＢＴ像が国民に誤解を与えるもとになっている気がします。『バリバラ』で何度も再放送されている「ＬＧＢＴ温泉旅」という特集があります。これは、見た目で男湯と女湯に分けているのはおかしいという主張のもと、レズビアン・ゲイ・トランス男性が、見た目の区別、戸籍の区別、好きになる性別での区別でそれぞれの湯に入ってみるという企画です。驚いたのは「体は女だけど、男として男湯に入りたい」という性別適合手術をしていないトランス男性が、一般客がいる中で男湯に入っていったこと。湯船に浸かっていた男性たちは乳房に興味津々な様子でした。それはそうでしょう。トランス男性本人は男性だと思っていても、そのことは第3者にはわからないわけですから。

そして番組ではトランスジェンダーでも希望するお湯に入《はい》れている人が56パーセントいるという視聴者アンケートを提示し、トランスジェンダーが入ってきても気にしない人が29パーセント、気になるけど黙っている人が56パーセントもいると訴えかけるのでした。まさにこれなどは一般の当事者意識からかなりかけ離れた話だと思います。にもかかわらず、どうしてこのような内容になってしまったのか。アメリカでは左派によるトランスジェンダリズムの嵐が吹き荒れていて大問題になっています。性別の定義を変え、身体的特徴で判断するのではなく自分が思っている性別（性自認）によって決めようという運動です。この動きが日本にも波及し、Eテレの番組にも反映されているのだと私は推測しています。

また、『バリバラ』の「【生放送】24時間テレビ　愛の不自由、」では、Xジェンダーの白人女性がレオタード姿で登場して自分語りを始めるのです。その人は、男性と結婚していたのですが、夫からのパワハラに嫌気がさし、女性と暮らすほうが心地よいと考えるようになったといいます。そしてスタジオの舞台でジェンダーの呪縛から自分を解放させるための「ジェンダー体操」を披露。盛り上がってきたところで客席に降りてきて、タレントのYOU氏に「あえいでみなさい！」と命令し、YOU氏がそれに従うという内容でした。確かに男性からの暴力で男嫌いになり、女性と生活を共にする人はいます。ただそれを「セクシュアル」・マイノリティといっていいのかどうか。この辺の区別もできていないように感じます。喘ぎ声を女性解放の象徴とするのもいささか戯画的だと思いました。

■ＬＧＢＴ政策を前進させてきたのは野党ではなく自民党

皆さんは「ＬＧＢＴ」というカテゴリーは昔からあるのではなく、政治的に生み出されたものだということはご存知でしょうか？　数では劣るマイノリティが政治的に優位性を示す必要性に迫られ、運動の方便としてレズビアン、ゲイ、バイセクシュアル、トランスジェンダーを単一のカテゴリーで括るようにしたわけです。しかし、性的指向や性同一性などそれぞれが抱える問題はまったく異なっています。また当たり前のことですが、政治信条や支持する政党なども個々に分かれています。ところが、いつの間にかＬＧＢＴを語るのはリベラルの専売特許のようになり、野党もある時期からＬＧＢＴ運動に積極的にコミットするようになって、「ＬＧＢＴ＝リベラル」という政治的イメージへの水路づけがなされました。当事者の多くは、それに対する違和感を持ち、野党が自分たちを囲い込もうとしているのではないかと感じています。ＬＧＢＴだから政治信条がリベラルとは限らないし、支持政党だってさまざま。メディアはそうした想像力を働かせるべきなのに、なぜかそれをやらない。いやむしろ、ＬＧＢＴ＝リベラルというイメージを意図的に流布している節もあります。たとえば、メディアにはＬＧＢＴのリベラル系の論客しか登場しません。明らかにバイアスがかかっています。ＬＧＢＴのなかには保守の論客もいるのにとりあげられないのです。だからますますＬＧＢＴ＝リベラルという先入観が広まる、という悪循環になっている。こうした偏った状況では、議論を深めるのは難しいと思います。

では、リベラル政党は昔からＬＧＢＴ政策に前向きだったのでしょうか？　民主党はリベラル政党といわれてきましたが、実はＬＧＢＴ政策にはまったく関心がありませんでした。私が民主党の参議院議員だった当時、党内に性的マイノリティの小委員会を作ろうと呼びかけたのですが、約４００人いた民主党の国会議員の中で協力してくれたのはたったの10人でした。あたかも以前からＬＧＢＴの味方だったかのように語る最近の野党議員を見るたびに「どの口が言ってるんだ」と私は言葉を失います。彼らが私に協力してくれたことなどなかったのですから。議員時代は、私だけが孤軍奮闘する限界を常に感じていました。

いまでも忘れないのは菅直人首相の時代、私がＬＧＢＴについて国会で初めて質問した時のことです。私の質問への答弁から菅総理は逃げ、法務大臣や総務大臣に答えさせました。あるいは鳩山由紀夫首相の所信表明演説に、スピーチライターを務めていた劇作家の平田オリザ氏がＬＧＢＴについて初めて触れた一文を作成したところ、当時の閣僚の一人が反対して潰されたこともありました。

それではLGBT政策はどこの政党が担ってきたのか？　これを言うと皆さん驚かれるのですが、歴史的にLGBT政策を前進させてきたのはまごうことなき自民党なのです。性同一性障害特例法を作ったのは小泉政権ですし、性別適合手術への保険適用を認めたのは安倍政権です。また2016年には「性的指向・性自認に関する特命委員会」を当時の稲田朋美政務調査会長の肝いりで作りました。その委員会で「理解増進法案」の作成を進めるとともに、現行法で対応ができる33項目をまとめた改善の要望書を古屋圭司委員長（当時）が政府に提出しました。同性間でもセクハラは成立すると認めたり、宿泊施設で同性どうしのダブルベッド使用を拒否してはならないという通達を、各省庁経由で現場に下ろしたりしています。

自民党のような保守政党が、たとえ嫌々だったとしてもLGBT政策に着手している。ここに日本の政治の面白さがあるのです。戦後、政治の「総合商社」として、社会民主主義的な政策もすべて担ってきたのが自民党だったことを考えれば、思い半ばに過ぎるでしょう。だがこうした視点で、メディアは伝えようとはしません。

いま、リベラルと保守の言葉を相互翻訳できる人が待望されていると思います。国会を見ても、かつての提案型の野党の理念は消え、対決型の55年体制時代に逆戻りしています。それに呼応するように、ＬＧＢＴ運動もイデオロギー色が強くなり、分裂状態です。当事者が分裂していたら、自分たちの思いをわかってもらわなければいけない人にメッセージが届くはずがありません。私は「だからこそ対話を」と呼びかけていますが、対話は無駄であるとリベラル派は言う。ある人は「こういうことは慣れさせるしかないんだ」と言い放ちました。それは対話の態度ではありません。

あとがき　ＬＧＢＴの歴史の１ページとして残したい記憶～国会議員とゲイ～

２００７年、私は15年間務めたＡＢＳ秋田放送のアナウンサーをやめ、参議院議員選挙に挑戦しました。選挙戦間際に『新ＫＥＮ』という雑誌が私のセクシュアリティをスキャンダルとして報じたことは、今でも心の傷となって残っています。見出しは「同性愛？のよそ者　松浦大吾（広島出身）が地元秋田の金田を喰うかも知れないという凄～い選挙の激震と怒声」というもの。私の名前をわざと「大吾」と誤記しているのは、正しい名前を有権者に

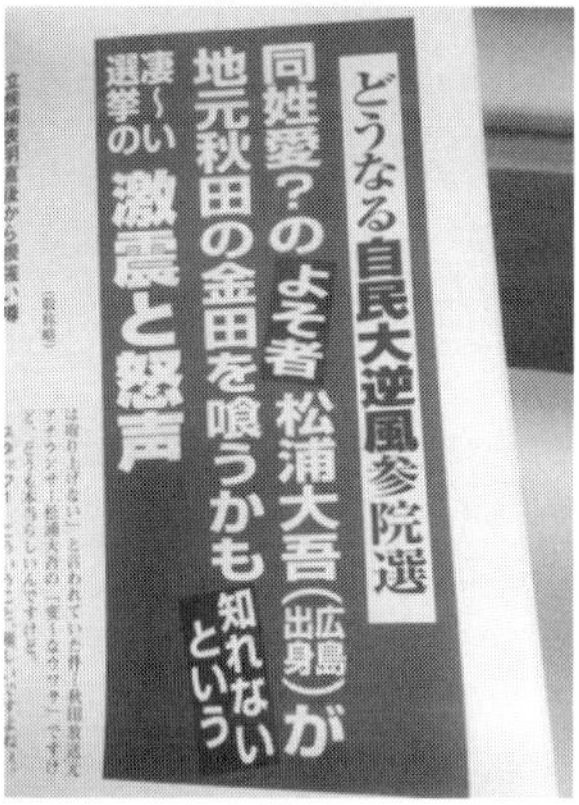

2007年発売『新ＫＥＮ』21号

覚えさせないためだと思われます。「喰う」という表現は、選挙で食われるという意味と、性的に犯されるという意味のダブルミーニングです。県内の本屋にこの雑誌が平積みになる中、私は唇を噛みしめながら選挙運動を行いました。

選挙事務所には、秋田魁《さきがけ》新報の記者も取材に訪れました。「このような雑誌が出た以上、取材しないわけにはいかない。お答えください。松浦さんはゲイなのですか?」と聞かれました。その記者のペンを持つ手は震えていました。もしこのことが県内販売シェア54パーセントを誇る地元紙に載れば、目の前にいる候補者は落選するかもしれない。しかし記者としては知りえた情報を県民に伝えないわけにはいかない。その責任の重さと格闘しているように私には見えました。私は正直に答えました。「はい、そうです」。ところが結局、秋田魁新報は私のセクシュアリティについての記事を書きませんでした。数年後に別の記者に聞いた話では、当時政治部でも私の扱いをどうするか議論になったそうです。しかし結論は出ず、あやふやになったとのことでした。

「松浦さんがカミングアウトをしたのはいつ頃ですか?」との質問の答えにはいつも躊躇してしまいます。なぜなら、気の置けない仲間へのカミングアウトなら大学生のときからしているし、アナウンサーになってからも講演会などでしゃべっていました。だけど秋田県内の人に聞けば「いや、松浦はそんな話をテレビではしていなかったぞ」というでしょう。ではテレビで記者会見をしなければカミングアウトしたことにならないのでしょうか。そうだとすると、ほとんどのＬＧＢＴはカミングアウト出来ていないことになってしまいます。

実はカミングアウトの定義は明確に決まっていないのです。24時間３６５日、すべての人にカミングアウトしているＬＧＢＴは少ない。カミングアウトをしている友達もいれば、していない友達もいる。家庭の中でも同じで、お母さんやお姉ちゃんにはカミングアウトしているがお父さんにはしていないというケースもある。一貫したアイデンティティを求めることの暴力性についての議論もある中で、カミングアウトの概念についてはもう一度整理し直したほうがよいかもしれません。

現在マスコミは、「日本で同性愛を公表した初めての国会議員は尾辻かな子氏だ」と殊更に強調しますが、私は長らくそのことに違和感を覚えてきました。私は取材に対してゲイであると答えているのにメディアは伝えなかった。伝えなかったのはメディアの側なのに、私がカミングアウトしていなかったとされるのは釈然としません。

尾辻氏以前にも、同性愛者の国会議員が複数存在したことを私は経験的に知っています。ある日私は男性の先輩議員に呼ばれ、その方が所属していた委員長室を訪れました。部屋に入ると弁当が用意されており、私の他にもう一人、男性の同僚議員が着席していました。なぜその３人で弁当を食べているのか、その時は状況がよくわかりませんでしたが、後日その同僚議員の元愛人男性による告発が写真週刊誌に載ったことですべてが氷解しました。おそらくこの会合は、男性同性愛者国会議員としての初顔合わせだったのだと思います。それからしばらくして、先輩議員は難病のためお亡くなりになりました。亡くなる３日前、その先輩議員から私のもとへ電話がかかってきました。病院からでした。びっくりしている私に対して先輩議員は「退院したらＬＧＢＴの勉強会を立ち上げたい。どうか協力してほしい」というのです。呼吸するのも苦しい病気のはずなのに、ＬＧＢＴへの思いを伝えるためだけに私に連絡してきたのだと思うと、涙がボロボロ零れてきました。

世田谷区議の上川あや氏は、「自分たちトランスジェンダーは制度を作るために国会でロビー活動などを行い努力してきた。同性愛者たちはどうか？　この10年何の努力もしてこなかったではないか。だから法律の１本もできないのだ」といいますが、そうではないのです。配偶者がいる国会議員の中にも、同性愛者はいます。異性と結婚したほうが票につながると思えば、議員活動を続けるために結婚する。同性愛者としての自分を押し殺してでも、この国をよくするため身を粉《こ》にして働きたい。それが国会議員としてのマインドなのです。そうした人たちが、２００８年の改正性同一性障害特例法を成立させるために一生懸命頑張ったのです。私もこの法律を可決させるために汗をかいた同性愛者の一人です。ＰＴのメンバーとしてトランスジェンダー当事者の皆さんの陳情を聞き、子なし要件削除に向けて努力しました。その結果、子がいないことという要件は一部緩和されたものの、未成年の子どもがいる場合は「家庭を混乱させる恐れがある」とする与党とはどうしても折り合いをつけられず、改正附則に検討条項を付加することを条件にこの法案を通すこととなりました。改正性同一性障害特例法はトランスジェンダーだけではなく、同性愛者も含めたみんなで勝ち取った法律なのだということは、どうか記憶に留めておいていただきたいのです。

日本でもＬＧＢＴの歴史教科書を作ろうという人たちがいます。ただ、ＬＧＢＴ活動家が編纂する「ＬＧＢＴ正史」からは、私についての記述は外されるでしょう。理由は私が彼らの活動を批判したからです。ゲイであるジャーナリストの北丸雄二氏が翻訳をした『ＬＧＢＴヒストリーブック　絶対に諦めなかった人々の１００年の闘い』は欧米のＬＧＢＴ史をまとめたものですが、この中には有名な反共保守派のゲイであるマーヴィン・リーブマン氏は登場しません。彼はレーガン政権をはじめアメリカ歴代政権で尽力してきた人物です。キリスト教右派が同性愛差別に傾いていったことに憤り、自分がカミングアウトすることで理解を求めようとしたのでした。ＬＧＢＴ史を語る上では重要なエピソードだと思いますが、保守派というだけで「正史」から除外されてしまう。おそらく日本でも同じ状況になるでしょう（『大統領をつくった男はゲイだった』参照）。

ＬＧＢＴ活動家は「ＬＧＢＴ活動家を批判する人は、たとえ当事者であっても反ＬＧＢＴ

だ」といいます。だがそれは間違っています。ユダヤ人である哲学者のハンナ・アーレント氏は著書『エルサレムのアイヒマン』（みすず書房、１９６９年）で、ユダヤ共同体を冷笑しました。ユダヤの長老たちは「お前はユダヤ共同体の娘なのに、なぜユダヤ共同体を侮辱する振る舞いをするのか」と怒りました。すると彼女は、「なぜ自分はユダヤを侮辱するようなことを書いたのか。それは自分が（市民社会を生きる）ユダヤの娘だからだ。当り前じゃないか」と応答したのです。アーレント氏が市民社会でどんな自由な選択をしても、共同体性は「常に既に」張りついている。共同体的であろうとしないと共同体的であり得ないという主張は論理破綻なのです（宮台真司他『戦争論妄想論』『リアル国家論』参照）。

そのユダヤ性の議論を引き継いでいるのが、レズビアンの哲学者、ジュディス・バトラー氏です。バトラー氏がアドルノ賞を受賞したとき、「イスラエル批判を繰り返しているバトラーへの授与はおかしい」と在独ユダヤ人団体は抗議しました。けれどもバトラー氏は「ユダヤ人であることとシオニズムを批判することは両立する」と静かに諭したのです。イスラエル批判が反ユダヤ主義ではないのと同じように、LGBT活動家批判は反LGBT主義ではありません。私たちは、LGBT運動を軌道修正し、社会とのより良いコミュニケーションを目指したいだけなのです。

「LGBT運動がおかしくなっている。保守の皆さんが関心を持たなければどんどん左傾化していく一方だ」との私の思いを汲み取ってくださったのが編集者の小笠原豊樹氏でした。私の思いに共感してくださり、義侠心から火中のクリを拾ってくれた小笠原氏には感謝の言葉もありません。小笠原氏がチャンスを与えてくださらなければ、多くのＬＧＢＴの史実が歴史の中に埋もれるところでした。この本をきっかけに、保守派の内在論理に注目したＬＧＢＴ論をメディアが取り上げてくれる日が来ることを願ってやみません。

参考文献

飯山陽『イスラム2.0――SNSが変えた1400年の宗教観』河出新書、2019年
石牟礼道子『不知火――石牟礼道子のコスモロジー』藤原書店、2004年
井上章一『パンツが見える。――羞恥心の現代史』朝日選書、2002年
井上輝子他（編）『岩波 女性学事典』岩波書店、2002年
今井一『国民投票の総て 増補 電子書籍版』小学館、2018年
上野千鶴子『女という快楽』勁草書房、1986年
上野千鶴子『女は世界を救えるか』勁草書房、1986年
上野千鶴子『発情装置』筑摩書房、1998年
上野千鶴子『女ぎらい』紀伊國屋書店、2010年
エーデルマン、リー「未来は子ども騙し――クィア理論、非同一化、そして死の欲動」『思想』2019年5月号
江永泉、木澤佐登志、ひでシス、役所暁『闇の自己啓発』早川書房、2021年
江原由美子編『生殖技術とジェンダー』勁草書房、1996年
江原由美子「前期見田社会学を男性学として読む――〈家郷〉と「母性」とフェミニズム」『現代思想』2016年1月臨時増刊号

小川榮太郎・松浦大悟「封殺された当事者たちの本音」『月刊 Hanada 』２０１８年12月号
荻上チキ『未来をつくる権利――社会問題を読み解く6つの講義』ＮＨＫ出版、２０１４年
荻野美穂『中絶論争とアメリカ――身体をめぐる戦争』岩波書店、２００１年
風間孝他編『実践するセクシュアリティ――同性愛・異性愛の政治学』動くゲイとレズビアンの会、１９９８年
萱野稔人『リベラリズムの終わり――その限界と未来』幻冬舎新書、２０１９年
月刊『創』編集部（編）『開けられたパンドラの箱』創出版、２０１８年
篠田英朗『ほんとうの憲法――戦後日本憲法学批判』ちくま新書、２０１７年
清水晶子「埋没した棘」『思想』２０２０年3月号
『新KEN 』21号、２００７年
セイラー、リチャード＋サンスティーン、キャス『実践 行動経済学』日経ＢＰ、２００９年
先崎彰容『１００分 de 名著 吉本隆明 共同幻想論』ＮＨＫ出版、２０２０年
『中央公論』２０１７年5月号「特集・憲法の将来」
テリー、イレーヌ『フランスの同性婚と親子関係――ジェンダー平等と結婚・家族の変容』明石書店、２０１９年
中島岳志『超国家主義』筑摩書房、２０１８年
ハーバマス、ユルゲン他『公共圏に挑戦する宗教――ポスト世俗化時代における共棲のために』岩波書店、２０１４年

ハイト、ジョナサン『社会はなぜ右と左に分かれるのか――対立を超えるための道徳心理学』紀伊國屋書店、2014年
橋本治『性のタブーのない日本』集英社新書、2015年
濱野ちひろ『聖なるズー』集英社、2019年
フクヤマ、フランシス×会田弘継「『キャンセル』が飛び交う不寛容な国・アメリカ」『中央公論』2021年7月号
伏見憲明『欲望問題――人は差別をなくすためだけに生きるのではない』ポット出版、2007年
ポーレン、ジェローム『LGBTヒストリーブック　絶対に諦めなかった人々の100年の闘い』北丸雄二訳、サウザンブックス社、2019年
星野豊「一橋大院生『同性愛自殺』裁判をどう見るか」『新潮45』2018年9月号
見田宗介『定本 見田宗介著作集V』岩波書店、2012年
御田寺圭『矛盾社会序説――その「自由」が世界を縛る』イースト・プレス、2018年
みやぎの女性支援を記録する会『女たちが動く――東日本大震災と男女共同参画視点の支援』生活思想社、2012年
宮台真司他『戦争論妄想論』教育資料出版会1999年
宮台真司他『リアル国家論』教育資料出版会、2000年
森岡正博『生まれてこないほうが良かったのか?』筑摩選書、2020年

山口真由『リベラルという病』新潮新書、2017年
山田昌弘『結婚不要社会』朝日新書、2019年
『ユリイカ』2019年4月臨時増刊号 総特集＝梅原猛
吉野靫『誰かの理想を生きられはしない』青土社、2020年
与那覇潤「リベラル派の凋落は自業自得だ」『Voice』2018年10月号
リーブマン、マーヴィン『大統領をつくった男はゲイだった』現代書館、1995年

装丁・泉沢光雄

JASRAC 出　2107333-101

■著者プロフィール

松浦 大悟（まつうら だいご）

元参議院議員。現在は日本維新の会 秋田１区支部長。1969年生まれ。秋田市在住。神戸学院大卒業後、秋田放送にアナウンサーとして入社。講演会を通して周りにゲイをカミングアウトする。2006年に秋田放送を退社。2007年の参院選で初当選。一期務める。自殺問題、いじめ問題、性的マイノリティの人権問題、少年法改正、児童買春児童ポルノ禁止法、アニメ悪影響論への批判、表現の自由問題などに取り組んできた。秋田放送在籍中の担当番組として、テレビは『ワイドゆう』（司会）、『ゆうドキっ!』（司会）、『24時間テレビ』（秋田担当パーソナリティ）など、ラジオは『No.5（ナンバーファイブ）』（パーソナリティ）、『元気満タン秋田だwin』（パーソナリティ）、『ごごはWIN'S』（中継担当）、『みみよりステーション』（中継担当）などがある。廃刊となった『新潮45』2018年10月号の記事が注目された。他に『月刊Hanada』『月刊WiLL』に寄稿。AbemaTV『よるバズ』『Abema Prime』に複数回ゲスト出演。座右の銘は一期一会。

LGBT《エルジービーティー》の不都合《ふつごう》な真実《しんじつ》
活動家《かつどうか》の言葉《ことば》を100%妄信《もうしん》する
マスコミ報道《ほうどう》は公共的《こうきょうてき》か

発行日 2021年 9月25日 第1版第1刷
2023年 7月 5日 第1版第2刷

著　者 松浦《まつうら》 大悟《だいご》

発行者 斉藤 和邦
発行所 株式会社 秀和システム
〒135-0016
東京都江東区東陽2-4-2 新宮ビル2F
Tel 03-6264-3105（販売） Fax 03-6264-3094
印刷所 三松堂印刷株式会社 Printed in Japan

ISBN978-4-7980-6556-4 C0036

定価はカバーに表示してあります。

乱丁本・落丁本はお取りかえいたします。

本書に関するご質問については、ご質問の内容と住所、氏名、電話番号を明記のうえ、当社編集部宛FAXまたは書面にてお送りください。お電話によるご質問は受け付けておりませんのであらかじめご了承ください。